DANEMARK

監修者——佐藤次高／木村靖二／岸本美緒

［カバー表写真］
家族そろっての昼食（1840年）

［カバー裏写真］
クリスマスを祝う家族（1895年）

［扉写真］
労働者家族の住居（1909年）

世界史リブレット117

ヨーロッパの家族史

Himeoka Toshiko
姫岡とし子

目次

近代史における家族革命

家族とはなにか。この問いにたいする回答はさまざまだろうが、もっとも多くあげられるキーワードは、まちがいなく「血縁」と「情愛」である。家族の規模や生まれる子どもの数は時代や地域によって変わっても、血縁と情愛は「家族の自然な姿」、つまり文化や社会の違いをこえて人類社会に普遍的に存在する超歴史的なものと考えられてきたし、今でもそう信じている人は多い。この見解は、家族は「本質的」なもの、「歴史とは無縁な自然」という見方につながり、ひいては家族の歴史研究の妨げとなってきたのである。

この聖域にメスがはいったのは一九七〇年代以降のことで、フランスのアナール派▲を筆頭に、世帯規模や家族形態ではなく、家族のメンタリティーに注目

▼アナール(学)派　一九二九年、L・フェーブルとM・ブロックによって刊行された『経済・社会史年報』に結集した歴史学、経済学、社会学などの研究者集団。呼称は、雑誌のタイトル『年報』に由来。当時支配的だった政治史中心の実証主義史学を批判し、全体史をめざす。七〇年代以降の第三世代は、心性(感じ、考える、その仕方)史の領域を中心に、歴史人類学や歴史民俗学において大きな成果をあげた。

して家族の変化を特徴づけようとする社会史研究の成果がつぎつぎと公表されるようになった。これらの研究は、伝統社会と近代社会では家族の性質や家族成員間の精神的関係がまったく異なっていることを示し、「子どもはつねに愛される存在」「母性愛は本能」「女は昔から主婦」「家族はプライベートな領域」といったわれわれのいだいていたイメージを根本から覆してゆく。

多産多死の時代には人びとは一般的に子どもに無関心で、子どもは他人の世話の必要な乳幼児期を過ぎると「小さな大人」(アリエス▲)として労働共同体に参加していたし、特別の母性愛も存在しなかった。共同体の規制や干渉をつねに受け、奉公人として他人が同居していた伝統社会の家族には、血縁家族集団だけのプライバシーは存在しなかった。ところが近代社会になると、子ども服や玩具の登場に示されるように「子ども期」が新たに発見されて(同)、子どもは親の愛情を一身にそそがれる対象となる。家族にたいする共同体の統制の衰退や、生産の家庭外への移行による公的空間と家内空間の分離につれて、プライバシー尊重の気運も高まり、「情愛的個人主義」(ストーン▲)が誕生して、家族は他の集団と区別される閉鎖性と親密性を獲得した。「公」「私」の空間的な分

▼フィリップ・アリエス(一九一四〜八四)　フランスの歴史家。一九七八年に社会科学学院の教授にむかえられるまで日曜歴史家として研究。人口学的データの裏にかくれている、人間の生・病・死・年齢などにたいする態度を読み取り、自然の領域に属すると考えられていたものの歴史性を明らかにする。『〈子供〉の誕生――アンシャン・レジーム期の子供と家族生活』(一九六〇年)において、「子ども」というカテゴリーが近代の所産であることを示し、歴史学や教育学、社会学に大きな影響を与えた。

▼ローレンス・ストーン(一九一九〜九九)　イギリスの近世史研究者。主著に『貴族の没落　一五五八〜一六四一』(一九六五年)。七〇年代ころから社会学の方法を取り入れ、七七年に『家族・性・結婚の社会史――一五〇〇年〜一八〇〇年のイギリス』を公刊。情愛的個人主義という感情を、近代家族に固有な価値意識とみなした。

離は「男は仕事、女は家庭」という性別役割分担も誕生させることになったのである。
夫婦と親子の「情愛」と排他的な「親密さ」によって特徴づけられる血縁家族は近代になってはじめて誕生した。ホブスボーム▲は、近代を市民革命と産業革命の二重革命の時代と呼んだが、家族にも革命といっても過言ではない大きな変化が起きていたのである。そして今、私たちは、歴史性を刻印されたこの家族を、歴史的な一つの類型だという意味を込めて「近代家族」と呼ぶようになった。

近代家族の誕生の時期は、国・地域・階層によって著しく異なり、十八世紀から二〇世紀初頭までと大きな幅がある。近代のある時点、とくに近代初期における家族をその現実の姿において把握するとき、浮かびあがってくるのは近代家族としての同一性というより、むしろ多様性のほうである。その多様性も、イギリス、フランス、ドイツといった北西部ヨーロッパにかぎった場合、国ごとの違いよりも階層差のほうがはるかに大きかったのである。

近代家族は、まず大都市の上層ミドルクラス(市民層)を中心にして成立し、

▼**エリック・ホブスボーム**(一九一七〜二〇一二)　イギリスの代表的なマルクス主義歴史学者。主著に『革命の時代——ヨーロッパ　一七八九〜一八四八』(一九六二年)、『資本の時代　一八四八〜一八七五』(七五年)、『帝国の時代　一八七五〜一九一四』(八七年)など。

「普遍的な家族規範」としての地位を獲得して、しだいに他の階層にも広がっていく。このモデルの誕生には、共同体および法の拘束力の衰退、個々の人間関係についての新しい宗教的・哲学的・教育的理念の影響、ミドルクラスによる貴族との差異化、資本制という新しい経済システムなどがかかわっている。いずれにせよ近代家族モデルは、伝統社会の構成秩序や経済基盤がゆるみ、近代的なものへと編成替えされる過程で、それと連動しながら胚胎されたものである。

本書では、ドイツを中心に、イギリス、さらにフランスをまじえながら十八世紀から二十世紀初頭にいたる家族の歴史的変遷を追い、家族が、その理解のされ方、また現実の生活の両面においていかに多様であったかを記したい。ただし、全体の力点は近代家族におき、家族にかんする言説や概念規定の変遷、家族をめぐる経済的・社会的基盤、家族内の人間関係をたどりながら、伝統家族と対比される近代家族の特徴と、その生きられた姿を階層ごとに描くことにする。

①—歴史人口学と家族

大家族神話の崩壊

変わらないとされる家族のなかで、家族の規模にかんしては、私たちはしばしばノスタルジックに「昔は今と違って大家族」というイメージを描いてきた。家族社会学の分野では、工業化以前の人びとは祖父母を含む三世代、叔父・叔母などの親族、奉公人が同居する大規模世帯で生活していたが、工業化を分水嶺として今日のような夫婦と子どもという小規模で単純な核家族型世帯に移行した、という通説が長らく支配的だったのである。

こうした通説形成には、十九世紀以来の研究史が関係している。フランスの社会学者ル゠プレェ▲は、十九世紀半ばのピレネー山脈地域の農村において、生計の基礎となる土地が一人の子どもに包括的に相続され、若夫婦は結婚後も親と同居し、その他の子どもも独身のまま家にとどまっている大家族を発見した。もちろん子どものなかには、財産をもらって家をでたものもいたが。彼は、このタイプの家族を株家族（直系家族、同株家族）と名づけ、ヨーロッパ旧社会の

▼フレディリック・ル゠プレェ（一八〇六〜八二）　フランスの社会学者・経済学者。社会調査を重視し、労働者の家族・家計にかんする大規模な調査をおこない、社会学の実証科学化に貢献した。主著に『ヨーロッパの労働者』（一八五五年）、『家族の組織』（七五年）。直系家族をヨーロッパの伝統的かつ理想的家族とみなした。

ル゠プレェによる株家族の典型的構成

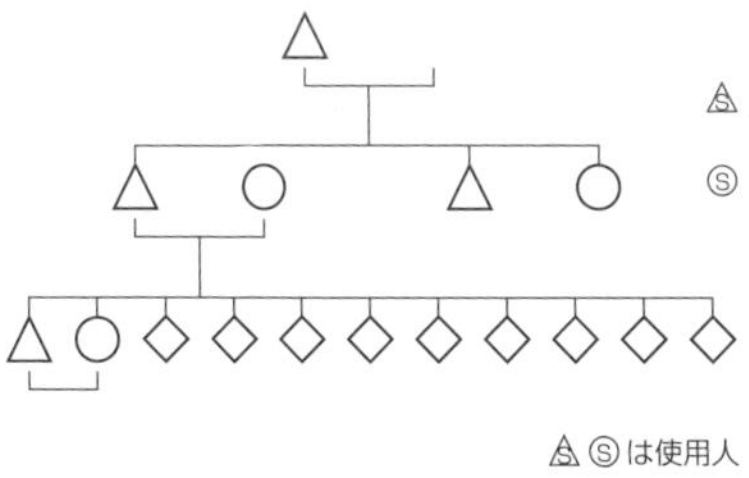

家族は大家族が支配的であり、このような家族は、貧困を防ぎ、伝統や親の権威を保持し、政治権力と社会秩序の基礎となる家族だと主張した。というのも彼が、フランス革命と産業革命の産物とみなした当時の小家族における家父長権の衰退をなげき、これを家族解体の危機ととらえたからこそ、こうした小家族と対置して大家族を賛美したのである。

　これより前の一八五四年に、ドイツではリール▲が『家族』を著し、同じようなイデオロギー的な立場から工業化と個人主義の影響下に成立した近代的小家族を批判し、家父長的権威のもとで成員の絆と習俗が保持されていたとみなす「古き良き時代」の伝統家族、すなわち彼の用語でいうところの「全《まった》き家▲」をノスタルジックに讃えていた。こうした研究が土台となって、「伝統社会は大家族」というイメージが定着していったのである。

　ところが一九六〇年代末から、ラスレット▲がイギリスの具体例において、十六世紀半ばから工業化の時期をへて十九世紀の終わりまで平均世帯規模が約四・七五人で安定していたこと、さらに親族構成にかんして、二世代の単純家族世帯の占める割合が七〇～七五％にのぼり、三世代以上を含む世帯の比率は

▼ヴィルヘルム・ハインリヒ・リール（一八二三～九七）　ドイツの文化史研究者。ジャーナリスト、作家として活躍したのち、文化史および統計学の教授に就任。主著に『ドイツの社会政策の基盤としてのドイツ自然史　一八五一～一八六九』（四巻）。その三巻が『家族』。

▼全き家　リールが当時衰退しつつあった伝統家族に使った呼称。のちにブルンナーにより、近世ドイツの家父長家族を特徴づける用語として定式化される。詳しくは、一八、二一頁参照。

▼ピーター・ラスレット（一九一五～二〇〇一）　イギリスの歴史社会学者。最初は政治思想史を専攻するが、思想家の生きた社会そのものに関心を向けるようになった。一九六四年、人口と社会構造の研究を目的としてケンブリッジ・グループを結成する。六五年刊行の『われら失いし世界』において複合大家族制を否定し、イギリスは産業革命のはるか以前から核家族と晩婚と移動の激しい時代であったと主張した。

四・五〜七％で、その他の親族を含む世帯を合わせても一〇％あまりにすぎなかったことを明らかにする。その結果、「工業化以前は大家族」という神話はみごとに崩壊した。核家族は工業化の発明品ではなかったのである。

それどころか逆に、いくつかの農村工業地帯では、十九世紀になって乳幼児死亡率の減少のために世帯規模が拡大したり、都市の産業革命によって一時的に三世代同居の比率が増加したりという例が報告されている。世帯内で労働力として使い道がなく、親が扶養できない子どもたちは、十歳前後で他世帯での奉公のために家族を離れるのが常だったが、工業化によって世帯外で働ける可能性がでてきたために、子どもたちは家族のもとにいつづけることができるようになったのだ。世帯規模がめだって縮小するのは近代的な産児制限の始まる十九世紀末のことである。

平均の世帯規模は小さかったけれども、豊かな世帯には貧しい世帯から移動してきた、世帯主と血縁的なつながりをもたない奉公人が存在して、人口の三分の一は六人以上の規模の家内集団に属していた。表(九頁参照)を見ると、地位や職業によって世帯規模に大きな違いがあったことがわかる。奉公人のほとんどは若い未婚者で、その数はイギリスにおいてとくに多く、工業化以前の時代には人口の約八分の一を占めていた。彼らは家事労働のためではなく、おもに農場の労働力として雇われていたのである。労働力である奉公人には食料、衣料、教育などが与えられ、ごくわずかな貴族やジェントリーは別にして世帯主の子どもと比較的近い立場におかれていた。同一世帯内で血縁家族と奉公人とのあいだに明確な境界線が引かれていなかったのは、一つには家族は経済経営体であって、情緒集団としてのメンタリティーがまだ存在していなかったからである。またもう一つは、妻や子どもを保護すると同時に支配・監督するという夫の家父長的な役割が、奉公人にも適用されていたからである。

　世帯規模とその構成について具体的な内実を明らかにできたのは、家族復元という手法が開発され、歴史人口学▲という学問分野が成立したからである。自治体当局による人口管理がおこなわれ、国家統計が導入される以前の時代、住民の動向を把握していたのは教会だった。十六世紀以来、教区の司祭が、教区民の洗礼(出生)・婚姻・埋葬(死亡)が教会でおこなわれるたびに台帳に記録していたのである。フランスの人口学者アンリ▲は、この台帳、つまり教区簿冊《ぼさつ》に

▼歴史人口学　家族復元法を用いて、近代的な統計が作成される以前の時代の人口にかんする人びとの行動とその変化を分析する学問。以前の人口史では、総人口・出生数・結婚数・死亡数といった集計データでのみ歴史的変化を記述していたが、家族復元法によって、年齢別婚姻出生数・出生間隔・一夫婦の出生児数・初婚年齢など、家族との連関において、より詳細な人口行動が明らかになった。

▼ルイ・アンリ(一九一一〜九一)　フランスの人口学者。国立人口研究所(一九四五〜四六年設立)において五〇年代にヨーロッパ諸国に残されている教区簿冊から詳細な人口学的情報を獲得するためにデータ連結方法としての家族復元法を開発した。

17世紀末のイギリス社会と家族規模

		家族＝世帯数	家族規模＝世帯規模（人）
世俗貴族		160	40
聖界貴族		26	20
ジェントリー	準男爵	800	16
	ナイト	600	13
	エクスクワイア	3000	10
	ジェントルマン	12000	8
高級官吏		5000	8
下級官吏		5000	6
貿易商（上級）		2000	8
貿易商（中・下級）		8000	6
法律家		10000	7
聖職者（中位）		2000	6
聖職者（下層）		8000	5
自作農（上層）		40000	7
自作農（下層）		140000	5
借地農		150000	5
学者など		16000	5
国内商人		40000	4.5
職人		60000	4
海軍将校		5000	4
陸軍将校		4000	4
一般船員		50000	3
労働者など		364000	3.5
小屋住農		400000	3.25
兵卒		35000	2
浮浪者			–

出典：村岡健次／川北稔編著『イギリス近代史［改訂版］―― 宗教改革から現代まで』ミネルヴァ書房，2003 年，57 頁

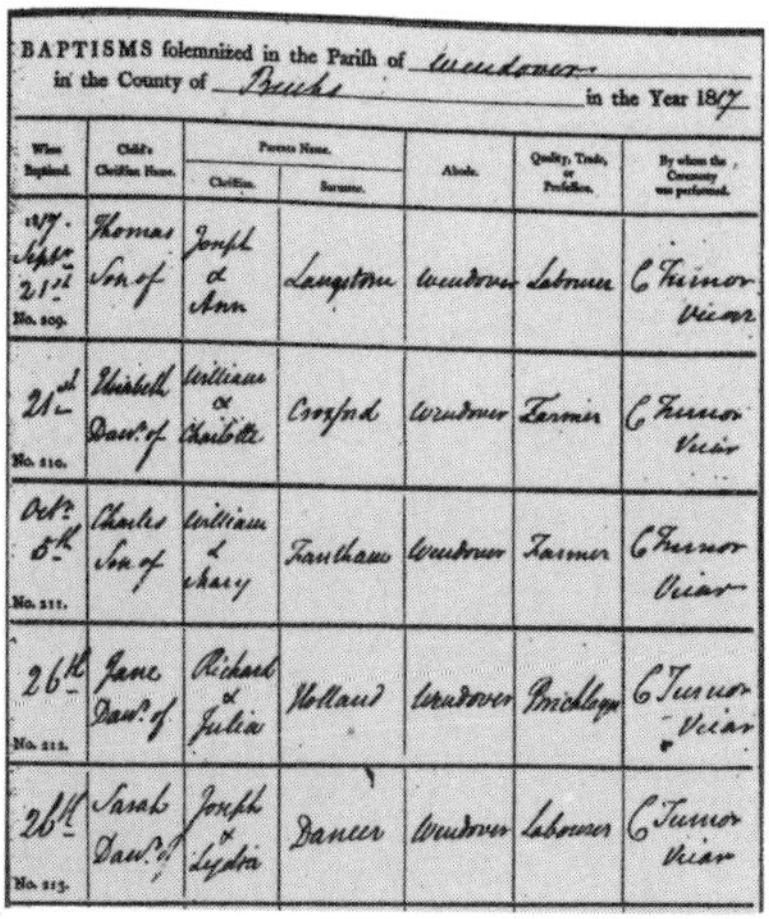
BAPTISMS solemnized in the Parish of Wendover in the County of Bucks in the Year 1817

●教区簿冊（洗礼の記録、一八一七年）

着目し、ここに記録されている個人の情報をつなぎ合わせて家族別のカードに書き写すという方法で家族を復元した。これが可能になったのは、洗礼の記録に両親の名前が、埋葬の記録にその家族の長の名前が記されていたからである。この方法によって、教区の住民の全世代について、年齢別の出生率・死亡率・結婚年齢・出産間隔・一夫婦あたりの出生児数が正確に明らかになるし、さらに平均余命や婚前妊娠、乳幼児死亡率なども把握できるのである。

北西ヨーロッパの単純世帯システム

アンリの開発した家族復元法を、もっとも精力的に展開させたのはイギリスの研究者である。ラスレットをはじめとする「人口史・社会構造史にかんするケンブリッジ・グループ」は、イギリスで教区簿冊の導入される十六世紀半ばから三〇〇年以上という長いタイムスパンにわたって、四〇〇以上の教区の一〇〇万件をこえる家族のデータを復元している。

その例を一つあげておこう。図(一一頁参照)は、コリトン村▲の靴職人ウィリアム・ホアの家族を復元したものである。ホアは一五七〇年一月二十一日、二

▼**コリトン村**　イングランドの南西部、現在のコーンワル半島にある村。農業の形態は多様で、毛織物工業も存在し、近郊の大都市エクスターの毛織物工業地帯の一部を形成する。教区の人口は、一八〇一年に一六四一人と記録され、ピークは一六四〇年代前半の二〇〇〇人。

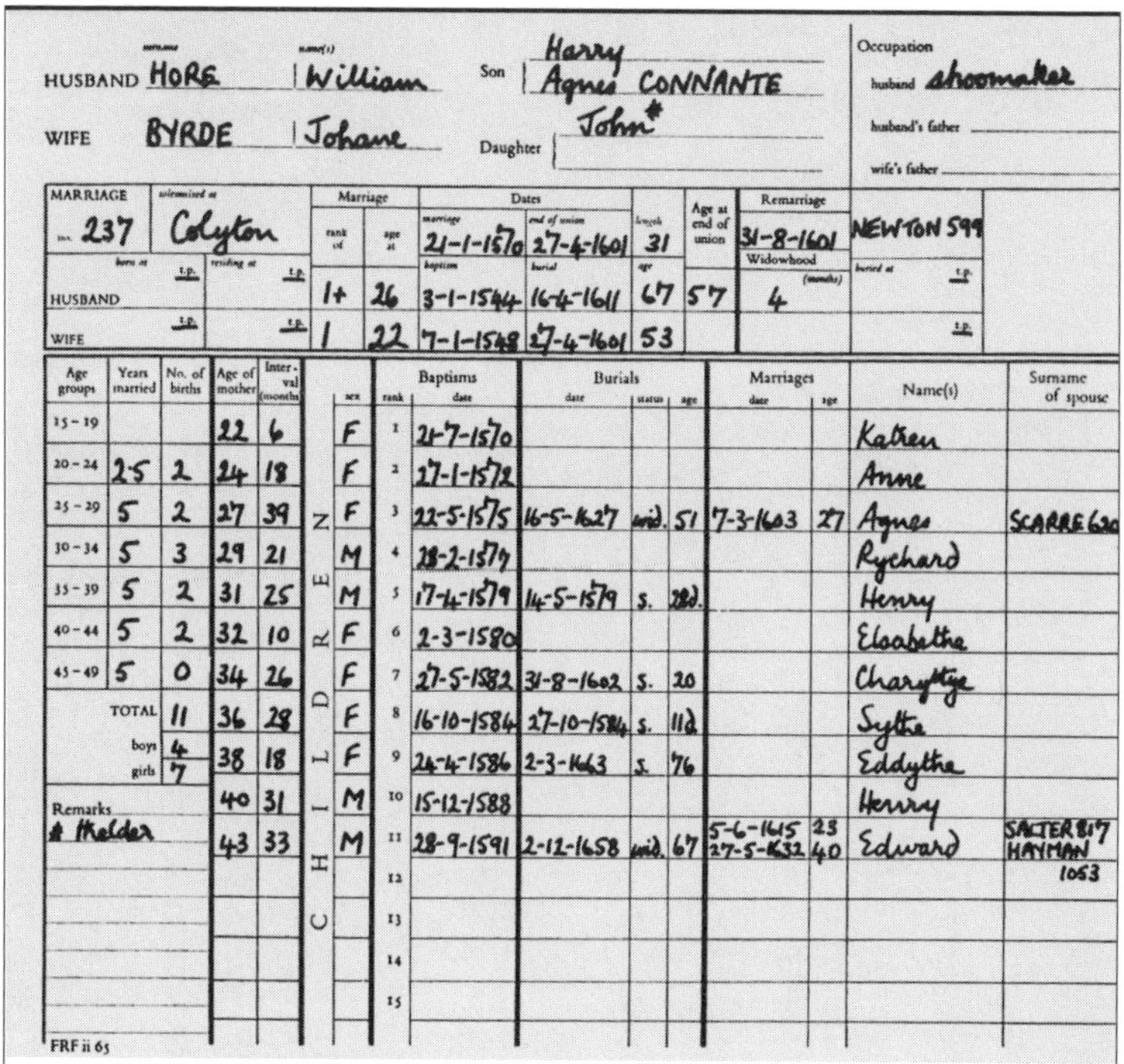

HUSBAND	HORE	William	Son: Harry / Agnes CONNANTE / John*
WIFE	BYRDE	Johane	Daughter
Occupation	husband: shoomaker	husband's father	wife's father

MARRIAGE no. 237 solemnized at Colyton; Dates: marriage 21-1-1570, end of union 27-4-1601; length 31; Age at end of union 57; Remarriage 31-8-1601 NEWTON 599; Widowhood 4 (months)

	rank	age	baptism	burial	age
HUSBAND	1+	26	3-1-1544	16-4-1611	67
WIFE	1	22	7-1-1548	27-4-1601	53

Age groups	Years married	No. of births	Age of mother	Interval (months)	sex	rank	Baptisms date	Burials date	status	age	Marriages date	age	Name(s)	Surname of spouse
15-19			22	6	F	1	21-7-1570						Katren	
20-24	2.5	2	24	18	F	2	27-1-1572						Anne	
25-29	5	2	27	39	F	3	22-5-1575	16-5-1627	wid.	51	7-3-1603	27	Agnes	SCARRE 620
30-34	5	3	29	21	M	4	28-2-1577						Rychard	
35-39	5	2	31	25	M	5	17-4-1579	14-5-1579	s.	28d.			Henry	
40-44	5	2	32	10	F	6	2-3-1580						Elsabethe	
45-49	5	0	34	26	F	7	27-5-1582	31-8-1602	s.	20			Charyttye	
TOTAL		11	36	28	F	8	16-10-1584	27-10-1584	s.	11d			Sythe	
boys		4	38	18	F	9	24-4-1586	2-3-1663	s.	76			Eddythe	
girls		7	40	31	M	10	15-12-1588						Henry	
Remarks: * Holder			43	33	M	11	28-9-1591	2-12-1658	wid.	67	5-6-1615 / 27-5-1632	23 / 40	Edward	SALTER 817 / HAYMAN 1063
						12								
						13								
						14								
						15								

FRF ii 65

●―ウィリアム・ホアの家族（家族復元の一例）

世帯の親族構成

	北西ヨーロッパ			南ヨーロッパ			東ヨーロッパ	
	イギリス ミドルセクス州 イーリング（1599年）			セルビア ベオグラード（1733～34年）			ロシア クラスノエ・ソバキノ（1849年）	
	奉公人			奉公人				
	有	無	%	有	無	%		%
独居	2	8	12	2	4	2		
非家族世帯（同居する兄弟など）	1	1	2	0	5	2		
単純家族世帯	21	45	78	33	150	67	6	13
拡大家族（親族関係を有する個人を含む，夫婦単位は1つ）	4	2	6	8	32	15	3	7
多核世帯（親族関係を有する2つ以上の夫婦単位）	1	0	2	9	30	14	36	80
合計	85		100	273		100	45	100

出典：『ヨーロッパの伝統的家族と世帯』46頁および『家の歴史社会学』72頁より作成。

十六歳のときに二十二歳のジョアン・バードと結婚し、五十七歳で妻と死に別れた。その四カ月後には再婚し、自身は六十七歳で他界している。最初の子どもが結婚六カ月後に生まれてから、ほぼ二年おきに、妻四十三歳のときまで合計一一人の子どもが生まれている。そのうち二人が生後まもなく死んだ。埋葬記録の残っている子どもは六人で、欠けている五人は奉公人として教区の外に転出したのであろう。

この復元例は、ホアの家族の個性とともに、当時の家族に典型的な多くの共通点を示している。まず結婚年齢。初婚年齢の平均値は、男性が二十六歳以上三〇歳まで、女性が二十三歳以上二十七歳までで男女ともに晩婚であった。これは、結婚後、夫が世帯主となって、夫婦が自分たちで世帯を管理したこととと関係している。世帯を維持できて、生まれてくる子どもを養えるような経済的条件が整って、はじめて結婚できたのである。もう一つ、晩婚は出生抑制の機能もはたしていた。当時はジョアンのように妊娠が可能なかぎり出産する女性が多かっただけに、婚姻年齢が高くなれば、出生数も減るからである。二年間隔の出産は、重要な避妊手段であった授乳のためだったと想像できる。そのほかには、十九世紀になるまで、極めて少数のエリート集団を除いて子ども数の制限はおこなわれていなかった。このことは、十八世紀後半の早い時期に婚姻出生力が低下しはじめたフランスだけを例外として、他の多くのヨーロッパ諸国にもあてはまる。当時、一人の女性が六、七人は子どもを産んでいたが、乳児死亡率も高く、四人に一人は一歳未満で死んでいた。二人しか死ななかったホアの家族は、幸運なケースといえる。

ジョアンの最初の懐妊は結婚前だったが、婚前の性交渉はめずらしいことではない。ただし、万が一妊娠させた男性がその女性と結婚しない場合には、農村共同体の制裁対象となった。ホアの再婚も、当時の慣例に従ったまでのことである。再婚は頻繁におこなわれていたが、女性より男性のほうが、そして年齢が若いほど再婚率は高く、貧しくて多くの子どもをもった四十歳以上の寡婦の場合は難しくなった。

さらに生涯独身のままにとどまる人たちも多く、五十～五十五歳までに結婚しない男女は、一〇％あるいはそれ以上に達していたのである。十七世紀半ばのイギリスでは、四十～四十四歳までに結婚しなかった男女の割合は二五％という数字すら存在している。

⑴晩婚、⑵生涯独身率の高さ、⑶結婚後の夫婦による世帯管理、⑷結婚前の若者は奉公人として世帯間を移動、という特徴は、イギリスだけではなく、ドイツ語圏以西およびフランス北部以北の北西ヨーロッパに共通するものである。ヘイナル▲は、これを「北西ヨーロッパの単純世帯システム」と呼んでいる。この地域でも、もちろん両親あるいは片方の親と同居する拡大家族は形成されたけれども、晩婚、長子の死亡率の高さ、平均寿命の短さなどの要因によって、三世代で暮らす時期は短かった。それゆえ平均的にみると、一組の夫婦しか含まない単純世帯が多くなったのである。拡大家族では、世帯管理は若夫婦にまかせて老親は隠居した。

▼**ジョン・ヘイナル**（一九二四〜二〇〇八）　イギリスの統計学者。一九六五年に「ヨーロッパ型結婚形態の展望」という論文を発表し、少なくとも四〇年以前の二〇〇年間、サンクトペテルブルクからトリエステにいたる区分線により、ヨーロッパが二つの結婚パターンに分けられることを示す。北西ヨーロッパ型の特徴は、晩婚と生涯独身率の高さ。世帯形成システムは、八二年の論文で検証されたものである。

南東ヨーロッパの世帯形成

ヘイナルは、「北西ヨーロッパ型」とは異なる東ヨーロッパおよび南ヨーロッパ地域の世帯を、「単純世帯システム」との区別において「合同世帯システム」と呼んでいる。合同世帯システムでは、結婚する男女が別に世帯を設ける

北フランスの家族構造

地域名 ／ 家族類型	ロングネス村（1778年）	ヴァランシエンヌ農村部（1693年）	ヴァランシエンヌ都市部（1693年）	ルアン市サン＝ニセーズ地区（1793年）	ブリュエイユ＝アン＝ヴエクサン村（1625年）
	%	%	%	%	%
独居	1	1.5	12.9	39.0	7.3
非家族世帯	6	1.8	3.1	3.8	1.5
単純家族世帯	76	85.8	75.7	54.9	83.8
拡大家族	14	10.6	8.1	2.4	7.3
多核世帯	3	0.3	0.2	0	0
世帯数	75	330	2139	1201	68

出典：フランドラン『フランスの家族――アンシャン・レジーム下の親族・家・性』103頁

のではなく、老夫婦が管理する世帯にはいって多核世帯を構成するか、あるいは配偶者のいない老人（寡夫または寡婦）が世帯主である世帯に加わって拡大家族を形成する。ふつう、妻のほうが夫の世帯にはいった。このシステムでは、単純世帯のように独立した経済的基盤を別個にもつ必要がないため、低い年齢で結婚するのが一般的だった。初婚年齢の平均値は、男性が二十六歳未満、女性はもっと低くて二十一歳未満だった。

この合同世帯システムは、本来はヘイナルが一九六五年に引いたサンクトペテルブルクとトリエステを結ぶ線の東側に位置する地域で形成され、ブルガリア、ルーマニア、セルビア、ロシアなどの国に分布している。これらの国の平均初婚年齢は南ヨーロッパよりも低く、また生涯未婚率も五％未満と考えられている。合同世帯では、若い労働力が存在するため、単純世帯に較べて奉公人のいる比率は低くなる。東ヨーロッパ型では、世帯主の複数の息子が成人に達して、それぞれが妻とともに世帯に居住し、また成人の息子をもつということも可能である。そうなると、世帯が大きくなりすぎるため、それぞれが一組以上の夫婦を含むかたちで二つ以上の世帯に分割されることがある。

南フランスの家族構造

家族類型＼地域名	モンプレザン村（1644年）	モストゥエジュール村（1690年）	ラギオール村（1691年）	ミラボー村（1745年）	ビュラン村（1793年）
	%	%	%	%	%
独居	11.0	3.2	7.0	6.7	3.7
非家族世帯	1.6	2.1	3.3	0.8	
単純家族世帯	50.8	51.0	56.0	50.8	54.7
拡大家族	15.9	42.6	32.2	19.2	32.0
多核世帯	20.6			22.5	9.4
世帯数	63	94	214	120	53

出典：フランドラン『フランスの家族――アンシャン・レジーム下の親族・家・性』106頁

この東ヨーロッパ型と北西ヨーロッパ型の中間に位置する結婚形態をとっていたのが、ギリシャ、ハンガリー、南イタリア、南フランス、スペインといった南ヨーロッパの国である。ル＝プレェの発見したピレネー山脈の株家族も、この地にあった。十九世紀の株家族は、フランス南西部以外にも北部・中部ヨーロッパの山岳地帯に存在したが、これはあくまで特定の地域における特定の階層の家族類型であって、南フランスの一般的な家族を代表するものではない。

ただし、南フランスでは単純世帯の比率は北フランスより低く、拡大家族と多核世帯の比率がかなり高い（上段表参照）。これには、農業慣習や法慣習の違いが関係していると考えられる。すなわち北フランスでは、三圃制農法・長方形農地・慣習法・分割相続が一般的であったのにたいして、南フランスでは二圃制農法・不規則農地・成文法・一子相続が支配的であった。

②—伝統家族から近代家族へ

身分制社会の家族概念

今日「家族」という用語は、夫婦と子どもを中心とする血縁集団をあらわす言葉として用いられている。私たちは、「家族」という用語ははるか昔から存在して、現在と同じような意味で使われていたと考えがちだが、じつはドイツ語ではその歴史は比較的浅い。しかも、この言葉に込められた意味も、時代によって異なっていたのである。

「家族 Familie」という言葉は、ラテン語の「ファミリア familia」に由来し、フランス語を経由して十七世紀末から十八世紀初頭にドイツ語に浸透した。ファミリアは「家共同体員」を意味し、奉公人や家内奴隷も含めて一つの家に暮らす人びと全体を指していた。ドイツ語にもともと存在した「家 Haus」という言葉は、建物と同時に家父長を中心とする労働および生活共同体を意味しており、家族という言葉は、その後者とほとんど同義的に、そこに住む人びとという、ラテン語のファミリアと同じ意味で用いられたのである。十八世紀半ば

家母

▼**オットー・ブルンナー**(一八九八～一九八二)　ドイツの歴史学者。ウィーンで学び、戦前は中世国家の政治社会構造について研究。ナチ党員歴により戦後一時停職をよぎなくされるが、その後ハンブルグ大学に招聘され、構造史の発展に尽力した。主著『ヨーロッパ――その歴史と精神』において「全き家」を定式化した。

まで今日的意味での「家族」集団総体を示す表現はなく、「妻と子ども」といった個別の関係で夫婦や親子をあらわしていた。

　住民の大多数が手工業者か農民だった前工業化社会において、家族＝家は経済機構の経営体とみなされ、消費共同体であると同時に生産の単位であった。こうした家族＝家は「全き家」と呼ばれ、ブルンナー▲による定式化に従うと、(1)構成員は家父・家母・子・奉公人、(2)家計と経営の一体化、(3)家父長による他の成員の支配、(4)前近代の政治世界の基礎単位、という特徴をもっていた。

　血縁は家族への帰属にとって決定的な事柄ではなく、したがって個々の成員は親族関係を基準とするのではなく、家長(家父)・主婦(家母)・子ども・下男、下女として家族内での役割と地位に応じて把握されていた。一七八九年発行のドイツの百科事典は家父を、「経営をいとなむ家族の長で、(1)家族の長、(2)経営にたずさわる者、(3)夫、(4)父親」という四重の義務を負うと記している。主婦の任務は料理、パン焼き、肉や野菜・果物や飲料の貯蔵といった消費領域の管轄だけではなく、夫の協力者として経営面での収穫・収入の確保とその分配の仕事にも従事しなければならなかった。かぎられた季節にしか収穫できない食糧を、家族が年間をとおして食べられるよう分配するのは、生産に匹敵する重要な労働だった。家族の健康管理も主婦の重要な仕事で、薬草にかんする知識の習得はもとより、単純な手術まで含めて医術をほどこしていた。奉公人と同様に子どもにも家における労働義務があり、また彼らとともに家長の権限に服していたため、子どもが奉公人と同列にあつかわれることもあったのである。

身分制社会の伝統的な家＝家族は、一方での経済活動、他方での子どもの出産・養育・教育という極めて目的合理的な機能をはたしていた。その意味で家は国家の目的と結びついた国家の構成要素であり、いわば末端の政治的・行政的な単位として、それ自体が一つの公的秩序を形成していた。この点が、国家・社会という外の世界の対極にある親密な私的空間とみなされた近代家族と決定的に異なる点である。個々人は家のなかに統合され、都市ないし村落共同体における議決集会に参加できるのは「外界」にたいして家を代表する家長だけであった。国家は家族生活の内部に介入し、夫婦間の関係、主人と奉公人の関係、親と子どもの関係といった家族内での人間関係や服装など日常生活の細部にいたるまで厳しく規制した。この秩序を守らせる役割をはたしていたのが、家族の支配・監督者であり、同時に保護・養育者でもあった家長である。

もちろんこうした「全き家」は特定の層にかぎられ、人口の多数を占めた下層民の大部分は両親と子どもだけの核家族世帯であった。しかし、ここでも家族が生産および消費共同体であることに変わりはなく、乳幼児を除く家族の成員がなんらかのかたちで家政に貢献しながら生活していた。また、こうした核家族も国家や共同体の規制や干渉を受け、家族としての自律性はもっていなかったのである。

他方で十八世紀末になると、家長が官吏など家庭の外に職業をもつようになり、家族の経営体としての性格が失われて、もっぱら消費活動だけをおこなう家族がふえてきた。生産活動が切り離されるにつれて家族は私的な性格をもちはじめ、血縁家族のあいだに情緒性がめばえて、居住空間をともにする同一世帯内の他のメンバーとのあいだに一線を画そうという動きがでてきたのである。

それとともに家族概念の定義においても変化がみられ、「家族とは家社会を構成する集団としての夫婦と子どもだが、ときに奉公人をこの表現で把握する」(一七七五年の百科事典)というように、奉公人と血縁家族を意識的に区別するようになった。近代社会への過渡期の一七九四年に発布された「プロイセン一般国法典」は、このゆれを如実に反映して、前近代的な視点と近代的な視点という二通りの解釈を記している。つまり「家共同体は、本来、夫婦と子どもによって形成されるが、奉公人もまた家社会のなかに含められる」(一部・一項・第二条および第三条)と。この法典の編纂者の一人であるクライン▲は、「狭義の家族は家社会の本来の構成員より成るが、広義では奉公人も含まれる」という解釈を示した。奉公人は家族から全面的に排除されたわけではないが、広義と狭義を区別することによって彼らは血縁家族とは別の範疇にいれられた。哲学者カント▲も一七九七年の書物において、奉公人を「家」の成員とはしたが、もはや家族のなかに含めなかった。つまり家と家族が分離し、家族は血縁家族の性格をおび、家はその家族のための外的枠組みとなったのである。

「全き家」の住文化

伝統社会における家族が外に開かれた経済共同体であったことは、住居に典型的にあらわれている。ドイツ北部の平野地帯にある農家の一七六七年の様子

▼エルンスト・フェルディナント・クライン(一七四四〜一八一〇)　ドイツの法律家で、ベルリン啓蒙界の代表的人物。主著に『自然法学の基礎』(一七九七年)がある。プロイセン王立司法裁判所法律顧問。ベルリン科学アカデミー会員。

▼イマヌエル・カント(一七二四〜一八〇四)　プロイセンのケーニヒスベルクに生まれ、当地で大学教授となり、死ぬまでその地にとどまる。人間の自由と独立への強い希求から思想をきたえ、批判哲学を完成する。主著の『純粋理性批判』(一七八一年)、『実践理性批判』(八八年)、『判断力批判』(九〇年)で真理・道徳・美の問題をあつかい、近代哲学樹立の出発点となる。

低地ドイツ地方のホール式の家

を垣間みてみよう。

この家(上段写真)は、人間の居住空間と仕事場と家畜小屋が一つ屋根の下にあるような一軒家である。玄関のあいだの両側には家畜小屋がついており、その突きあたりに土間があって真ん中に主婦の仕事の象徴であったかまどがある。土間には、どの側面にも戸外につうじる小さな扉がついていた。その奥に居間と寝室がある。かまどのそばの全体が見渡せる場所に家母である主婦が座っていて、人の出入り、子どもや奉公人、それに馬や牛に目配りをしている。ここで彼女は糸紡ぎや料理をするが、かまどが真ん中にあるからこそ扉があいてだれかがはいってくるのもわかり、来客があっても仕事の手を休める必要はない。また彼女は、人びとの仕事ぶりや帰宅時間など家のなかの様子をすべて把握して家政全般を管理することができる。この家にはプライベートな空間といえるものはいっさいなかった。家畜に別の小屋を与えて人間の居場所と完全に分離すれば、壁や屋根の維持が大変になり、監視にも多くの時間を割かなければならない。家には家畜や貯蔵品、その他のにおいが充満していて、快適な住文化とは、ほど遠かった。

食事中の一家

食事は、かまどのある土間の側面においてある細長いテーブルでとった。家父と家母がテーブルの横側に並んで座り、男性と女性が向かい合わせに座っている。女性はたいてい背もたれのないベンチに座り、立ったままで食べることもあった。食卓座席は農業世界における労働の序列に従い、奉公人も階層の順に座った。ただ序列はあったとはいえ、もっぱら給仕役に徹したのちの近代家族の場合とは異なり、奉公人は農民の血縁家族と同じテーブルで食事をしたのである。

近代家族誕生の背景

身分制社会から近代市民社会への移行過程における家族の変遷は、家族概念の転換に如実にあらわれている。すなわち十九世紀の家族は、両親と独立していない子どもの生活共同体を意味するようになり、使用人は家族という血縁集団とは明確に区別された。しかし、それ以前の時代から、母性愛の重要性など、以前にはみられなかった家族をめぐる言説が登場し、また集団内部の情緒的結合を重視する、従来とは異なる性格をおびた家族が実際に出現するようになっ

▼マニファクチャー　手工業と機械制大工業の中間に位置する生産形態で、技術はまだ手工業に立脚していた。分散していた手工業者が同一屋根のもとに集められ、同一資本のもとで分業にもとづく協業によって作業をおこなう、その作業形態あるいは作業場。経営者は作業場と道具を用意し、手工業者および労働者を賃金雇用するので、資本制的関係は成立している。

ていた。

新しい家族を形成したのは、世帯がもはや生産の場ではなくなり、仕事場と居住空間が分離した職種の人たちだった。消費の場となったことによって、家族は外部の政治・経済・社会から隔離された閉鎖的で親密な私生活《プライベート》空間となることができたのである。彼らは、一方では問屋、マニファクチャー▲、大商店、通運商、銀行家、初期の工場などの所有者や管理職といった経済活動の担い手たちであり、他方では大学教育を受けた官吏、法律家、文士や芸術家、大学教授、プロテスタントの聖職者といった知識人層であった。前者は経済ブルジョワジー、後者は教養市民層というカテゴリーで包括される新しい社会勢力である。工業化への離陸が早かったイギリスでは、十八世紀後半にすでに経済ブルジョワジーの勢力が浸透していたけれども、一八三〇年代にようやく本格的工業化の始まるドイツでは、彼らの影響力は比較的弱かった。対照的に教養市民層は、十八世紀末の絶対王政国家が行政機構を拡大して官吏を増加させ、知識人層への依存度を強めたために、極めて重要な社会的地位を獲得していたのである。

▼**啓蒙の時代**　理性にもとづき、科学を尊重して非合理的なもの、蒙昧(もうまい)なものを批判し、人間中心の新しい世界の樹立をめざした啓蒙運動の開始は十七世紀に遡る。十八世紀後半における出版メディアの発達とともに、啓蒙運動は広範囲に浸透した。

十八世紀後半は、啓蒙の時代▲である。啓蒙運動の担い手となったのは、教養市民層や経済ブルジョワジーで、彼らは生まれによって運命が決定される「身分制」や、この制度にもとづく貴族の特権を批判した。これらの新興勢力は、出自や家系に基盤をもつ旧支配勢力としての貴族と自らを区別し、自分自身の能力と個人の業績によって経済的報酬や社会的地位を獲得しようとした。そのため彼らのあいだでは個人主義的なメンタリティーがはぐくまれる。貴族への対抗意識がこれにさらに拍車をかけ、独自の価値観や生活様式の形成を促した。とりわけ教養市民層は、貴族にひけをとらない教養を武器にして、貴族とは対照的な文化や規範を意識的につくりだし、その優位性を力説したのである。

体面や儀式を重んじる貴族文化を表層的ととらえる彼らは、個々の人格や徳の形成、感情面での深遠さ、芸術・音楽・文学への素養などの「内面的な価値」を重視した。生活面では勤勉と労働に価値をおき、貴族のような華美で贅沢で不品行な生活態度をいましめ、無駄を省いた合理的な家計運営を心がけた。家族は、こうした市民モラルや行動規範の実践の舞台となった。そのため、この時期には、家族内の人間関係や生活のあり方について、非常に多くの言説が登場することになる。その内容については、あとで述べることにし(第四章参照)、まずは、近代社会黎明期における市民家族の日常生活の具体例をみておこう。

過渡期家族の家政

家族から経営体的性格が喪失するにつれて、生産と消費を統合する家経済をあらわしていた「家政」という用語は、消費経済である家計という意味に限定して用いられるようになった。一七九四年の「プロイセン一般国法典」は、主婦の役割を、夫の経営の協力者ではなく夫の世帯の運営責任者と定義している。家事担当者としての主婦の誕生である。

しかし、本格的な工業化がまだ開始されておらず、市場経済の未成熟なこの時期には、家計運営はまだ近代的な家事労働という概念でとらえるにはほど遠い状態にあった。当時の家計簿が残っている文豪ゲーテ▲の生家の一七六〇年の家政を例にして、過渡期家族の世帯運営の特徴をみておこう。

ゲーテの生家は当時のドイツの大都市フランクフルト(当時の人口四万人)に

▼**ヨハン・ヴォルフガング・フォン・ゲーテ**(一七四九〜一八三二)　ドイツ最大の文豪。「疾風怒濤」文学運動の中心人物として活躍し、世紀末から古典主義文学を開花させる。一七七五年にワイマールに招聘され大臣になるが、政治家としては限界を感じる。代表作に『若きウェルテルの悩み』(一七七四年)、『ファウスト』(一八三一年)など。

バター作り

洗濯女

あり、商業都市および見本市開催地だったため、他の地域に先駆けて商品経済が浸透していた。十九世紀初頭になっても、ゲーテ家のような家政がいとなまれていた地域は数多くあったのである。世帯主で法学博士だったゲーテの父親は当時、市の法律参事をしていて、典型的な教養市民層に属していた。ただし、この職務は名誉職で、ゲーテ家は家計収入を主として所有財産の利子に依存する豊かな上層市民だった。

　最初に商品の調達方法について。参事夫人は小売店ではほとんど買物をせず、調味料や香辛料、コーヒーや紅茶の類はすべて、食料雑貨をあつかう個別の商人から入手している。パン屋、肉屋、仕立屋などの数人の手工業者も利用している。布地、家庭用品、食器、書物などは、見本市と市で購入した。特別なもの、例えばワインはライン地方から、ソーセージ、ミネラルウォーター、狩猟鳥獣の肉、魚などは周辺地域に依存していた。注意しておきたいのは、多くの物資を完成品として購入するのではなく、未加工あるいは半製品の状態で入手し、自宅あるいは外注して加工したことである。豚は自宅で屠殺し、ソーセージをつくって、肉を燻製《くんせい》や塩漬にした。自家菜園でとれたブドウを圧搾してワ

糸紡ぎと糸煮

ワイン貯蔵用地下室

インをつくり、果物、野菜、豆などは冬に食べられるよう瓶詰めにしている。春には冬にできなかったシーツやクロスといった大きな洗濯物をかたづけ、一年分のバターをつくった。パンづくりにかんしては、参事が製粉所で粉をひかせ、パン屋に焼いてもらっている。その粉を使って自宅でケーキを焼いた。参事の衣服をつくるにあたっては、自宅で糸を紡ぎ、それを布に織らせ、裁断屋がかたちを整えて仕立屋や自宅の奉公人が縫製をしている。自宅で製造したワインは売るものもあり、かわりに別の種類のワインを入手している。

　ゲーテ家は、たしかに生活必需品の大部分を世帯内で生産する自家製造の経済はいとなんではいないが、消費物資を市場から直接購入するにはいたってない。だからこそ自宅内での生産あるいは加工が重要な役割を演じ、物資の調達は大量で、しかも長期的な視野でおこなわれている。消費が消費として完結せずに生産の側面も含んでいた貯蔵経済であった。

　こうした家政をいとなむには、何人かの人たちの協力が不可欠である。市民層の娘たちは一定の年齢になると家事の手伝いをするのがふつうだったが、この当時、ゲーテ家の娘はまだ幼かったために役には立たなかった。家政に常時

市民層家族の台所（一八四〇年頃）

遊びながら手伝いをする娘たち。

主婦の指揮下で忙しく働く料理女・下女、

洗濯女

従事していたのは、料理女一人、下女二人、下男一人で、ほかに洗濯女、掃除女、お針子といった使用人、それに靴屋、仕立屋、椅子針職人、暖炉職人、樽屋、鍛冶屋、屋根葺き職人、パン屋、肉屋といった手工業者が継続的に世帯と関係をもっていた。

参事夫人が主婦としておこなう仕事は、大きな機構の運営、いわば倉庫の差配である。彼女は世帯における購入、生産、加工の過程を監督し、さまざまな物資を消費できるかたちに変える仕事を指揮したのである。料理、洗濯、掃除といった家事にも、ほとんど直接手はくだしていない。彼女の役割は、まさに「プロイセン一般国法典」に記されている、世帯の運営であった。しかし、生産と消費が完全には分離していない当時の主婦の仕事は、伝統家族の家母と消費に専念する近代的な主婦とのいわば中間的な段階にあり、市場が発達する十九世紀半ば以降の家事労働とはまだまだ似て非なるものであった。

③—近代市民家族の特性

配偶者の選択

啓蒙の時代に登場した、新しい家族観とは具体的にどのようなものだったのだろうか。また現実の家族生活は、どのように変化したのだろうか。ここでは、伝統社会と対比しながら、近代家族の特性について述べていこう。

十六世紀から十七世紀への転換期のエリザベス朝▲において、『ロミオとジュリエット』▲などのシェークスピア▲劇に自分たちの選んだ相手と結婚させようとする親と、それに反発する若い恋人たちとの対立や葛藤が描かれている。シェークスピアが好んでこのテーマを取り上げたのは、ちょうどこのころ、結婚にたいする考えに変化がみられ、若者は親の命令よりも自分たちの意思を尊重すべき、という明確な主張がでてきたからである。裏返せば、この時代にはそれだけまだ親の決定に従って結婚するケースが多かったといえる。

婚姻に親の同意が必要だった大陸の場合と異なり、イギリスでは十二世紀末から十八世紀半ばにいたるまで、法律的には親の同意や一定の年齢に達してい

▼エリザベス女王（一五三三〜一六〇三、在位一五五八〜一六〇三）　父ヘンリ八世、異母姉メアリ一世時代の宗教的混乱を鎮め、国教会制度を確立。長い経済的不況に苦しめられるが、一五六三年の徒弟条例、救貧法、通貨改革で乗り切る。一方不況は海外発展や市場の拡大を生み出した。

▼『ロミオとジュリエット』　シェークスピアの戯曲で、初演は一五九五年ころ。舞台は十四世紀イタリアのヴェローナで、恋に落ちたロミオとジュリエットは両家の抗争のためひそかに結婚するが、周囲の状況や偶然に翻弄され、二人の死という悲しい結末をむかえる。

▼ウィリアム・シェークスピア（一五六四〜一六一六）　イギリス史上最大の劇作家、詩人。三十歳前に俳優として劇場にかかわり、脚本を書くようになった。人間観察眼と内面の心理描写に卓越し、合作を含め三六篇の戯曲を残した。代表作に『ヴェニスの商人』『ジュリアス・シーザー』や悲劇四部作『ハムレット』『オセロ』『マクベス』『リア王』。

ることが結婚の条件ではなかった。したがって、だれでも思春期になれば、両親の同意がなくても、あるいは両親の意思に反してでも結婚することができたはずである。実際、農村の貧しい奉公人などで、気の合う男女がおたがいの心に従って結婚することはよくあった。子どもたちはすでに生家を離れていて、しかも婚姻年齢も高かったため、親が制御するのは容易ではなかったし、また親がすでに死亡しているケースも多かった。財産や職業上の利権がからんでくる、もっと上の階層において、親の決めた縁組にさからって、別の相手と結婚するケースもみられた。だれが配偶者の選択に決定権をもっていたかは、一概にはいえないのである。

とはいえ、家柄が問題になり、結婚が双方の家族の「利害」に左右される貴族の場合はもとより、裕福な階層になればなるほど自分たちの意思を貫徹するのは難しくなる。親の命令に従わないと、遺産相続や婚資の準備ができなくなり、財政的あるいは職業的な基盤が形成できなくて結婚生活に支障をきたしたし、それどころか運が悪ければ貧困に陥る可能性さえあったからである。わずかな土地しかもたない農民のあいだでも、相続は死活問題だったし、手工業者や小売商でも生産手段や顧客の確保のために、親の意思には十分な敬意をはらわなければならなかった。

全体的にみて、イギリスではシェークスピアの時代には当人以外の人たちが配偶者を選択し、子どもはそれに従うか、あるいはせいぜい拒否する程度だったが、しだいに拒否権を行使できるようになり、十七世紀半ば以降には認められるようになった。十七世紀後半から一八〇〇年ころにかけては、さらに急激な変化が起こり、子どもたちの選択が尊重されるようになって、両親にはせいぜい異議を唱えることしかできなくなっていた。その背景には、結婚相手の決定や結婚生活における「愛」の価値の高まりが指摘できる。

ドイツやフランスでも、変化の時期こそイギリスより遅いが、結婚における愛の重要性にかんして多かれ少なかれ似たような経過をたどっている。ドイツの伝統社会の婚姻について記した数多くの文献は、結婚相手の選択のさいには職業、資産、持参金、生計の確保、家事や労働の能力といった経済的かつ実用的な観点が強く働き、相手個人に対する愛情や関心はそれほど重要な動機にならなかったと述べている。伝統社会の婚姻理念において、もちろん夫婦愛は重

▼**ダニエル・デフォー**（一六六〇〜一七三一）　イギリスの文筆家、ジャーナリスト。さまざまな実業に乗り出し、いずれも失敗したのち、五十八歳で『ロビンソン・クルーソー』を発表して、一躍読書界の人気をさらう。自ら「発見」した土地を領有し、先住民を「文明化」しようとするロビンソンは、ヨーロッパ植民者の原型といえる。評論家として鋭い社会風刺と道徳論を展開する一方、リアリズムの立場から多数の作品を発表した。

視されていたが、それは婚姻関係における行動の掟といったもので、恋愛感情というより友愛の部類にはいるものだった。高く評価されたのは、家政の切盛りのために必要な夫婦の調和的な関係をはぐくめる理性だったのである。

イギリスでは、十八世紀初頭に家がらみの結婚の無理強いを激しく批判し、「相互の愛情は結婚生活の要であり、結婚生活を新鮮なものにしてくれる」「結婚前に愛情の確立していない結婚は合法性をもちえない」と説いた作家のデフォー▲をはじめ、多くの著述家がさかんに「愛情優位の結婚」を訴えた。十八世紀前半から、読者を「良き市民」に教育すべきことを目的とする「道徳週刊誌」が、その舞台を提供した。モラリストや哲学者のあいだでも、十八世紀の過程でこの見解は疑いの余地のないものとなっていたのである。

この考えは、十八世紀後半の啓蒙の時代にドイツにも浸透し、デフォーの著作は何版も版をかさねていた。イギリスに倣って数多く創刊されるようになった「道徳週刊誌」上では、「婚姻の中心的な動機は愛でなければならない」という教えが繰り返されるようになる。愛情にもとづく結婚で重要なのは、当人の意思によるパートナーの選択である。結婚にも新たな価値観である個人主義が浸透してきた。

実際には、大多数が恋愛結婚をしていたわけではなく、物的観点もあい変わらず重視されていた。また男女差も大きく、男性は自分の気にいった女性に求婚できたけれども、女性は受身になりがちで、せいぜい嫌な相手を拒否する程度だった。また親の勧めに従って、相手をよく知ることなく結婚する娘も多かった。とはいえ、理念レベルでは、実用本位あるいは経済的観点からの結婚観は退いて、愛情中心に完全に転換したのである。

愛と婚姻

恋愛結婚が理想視されるようになったとはいえ、十八世紀に求められた愛は「相手に心を奪われる」といった熱情的なものではなく、啓蒙主義の刻印をおびた「理性的な愛」だった。貴族の宮廷文化を象徴するとみなされた「堕落的な官能の愛」とは対照的に、市民層の道徳における「愛」は、「自制的な徳のある愛」でなければならず、相手の長所を理解し、欠点を許せるという理性的なものだった。十九世紀のロマン主義の時代になると、「感情の満足を求める激情的な愛」が称揚されるが、このような「恋の炎」を燃やせるのは実際には少数の人にすぎなかったからこそ、人びとは、とくに女性は文芸作品のなかの「愛の物語」に熱中したのである。新たな市民道徳となった「自制的な徳のある愛」は、純潔を重視する。それゆえ、とりわけ娘には絶対的な規範として純潔の遵守が求められた。男性の性欲は本能として寛容にあつかい、女性には絶対的な貞節を求めるというイギリスのヴィクトリア朝的な性の二重基準《ダブルスタンダード》は、この時期に先取り的に言説のなかに登場しはじめたのである。

婚姻における個人主義や婚姻は愛にもとづくという見解は、新しい婚姻法にも取り入れられる。「プロイセン一般国法典」は、当時の啓蒙絶対王政国家の社会理念と政策意図を反映したものであり、婚姻にかんしては二つの大きな特徴をもっている。一つは啓蒙国家にふさわしい自然法の理論から導きだされた婚姻契約説であり、「当事者の自由な合意なしには婚姻は成立しない」(二部・一項・第三八条)と定めている。もう一つは、富国強兵をめざす絶対王政国家の人口・教育政策に則した婚姻の目的結合的な性格規定であり、「婚姻の主要な目的は子どもの出産と教育にある」(二部・一項・第一条)としている。

十九紀末初頭に身分制社会から市民社会への転換が進むなかで、「一般国法典」はもはや時代遅れとなり、全面的に改訂されることになった。家族法で問題になったのは、婚姻の合目的性である。新しい市民的理論においては、婚姻は愛情にもとづく自然的倫理的結合とみなされた。したがって国家は夫婦の心の結びつきである内部関係には立ち入ることはできず、法的規制がおよぶ範囲は婚姻の内容ではなく、婚姻の承認と解消および財産にかんする事柄にかぎられるとされた。

この法律改訂論議に大きな影響力を与えたのが、婚姻は「心の道徳的自然的関係」と主張した哲学者フィヒテ▲の見解である。しかし、彼の婚姻論はこの点にとどまらず、夫婦関係にもおよんでいる。すなわち愛のかたちは本質的に男女によって違っており、妻の愛が夫に献身するものであるのにたいし、夫の愛は妻の献身に自然の寛大さでもってこたえるものであり、これによって夫婦の人格的一体化が成り立つというのである。フィヒテは「人間の自由」という近代市民社会の理念に立脚しながら、妻は女性にのみ備わる本能的で自発的な愛によって自らの性格を捨て、夫に服従し、財産も市民権もすべて夫に委ねると

▼ヨハン・ゴットリープ・フィヒテ（一七六二〜一八一四）　ドイツの哲学者。イエナ大学教授。ドイツ観念論を代表する思想家で、カントの批判哲学の継承者。ナポレオン戦争期の一八〇七年から翌年にかけて、「ドイツ」の国民意識を創造するためにフランス軍駐留下のベルリンで連続講演『ドイツ国民に告ぐ』をおこなった。

主張した。

妻の夫への服従それ自体は近代以前の家族論にも存在していたけれども、立論の論拠はまったく違う。すなわち近代以前には「家」における服従は妻の地位や役割から導き出されたのにたいし、フィヒテはそれを女性一般の自然や個人の自発的な愛の倫理に求めたのである。こうして彼は、理性的人格の自由な展開という新しい市民社会の原理と矛盾しないかたちで家父長制を貫徹させる論理、つまり市民的家父長制の論理を打ち立てた。

フィヒテの論拠となった男女の自然的性差というジェンダー概念は、女性の無権利状態を正当化しただけではなく、家事や育児こそ女性の天職とみなして「女は家庭、男は仕事」という性別役割分担を生み出していく。近代家族の重要な構成要素であるこの概念もまた、十八世紀末から十九世紀初頭にかけての社会の構成論理の組替の時期に新たに登場したものである。

自然の性差論の登場と性役割

近代社会形成以前の一七三九年に発行されたドイツの百科事典の記述による

と、男性と女性の違いは自然とモラルを基盤にしていた。男性にとっての自然とは生殖能力であり、モラルは夫としての、また経営にたずさわるものという身分であった。男女のはたす役割の違いは自然の性差による、という記述はまだみられない。また男女の違いも、身体的な自然によるものより、社会的なもののほうにウェートがおかれていた。人間が生活をいとなむために必要な社会空間や社会的な人間関係、目的がまず存在し、そのルールにのっとって男性と女性のそれぞれの人物が自分の居場所を定め、役割をはたしていたのである。

生計の獲得についても、夫が大部分を稼ぐ、と記述しているものの、そのすぐあとに夫婦が状況の許すかぎりできるだけ多く稼ぐべきとされており、女性は生計獲得に不適当な性だとはみなされていない。夫のほうが妻より多く稼ぐのは、妻が妊娠と出産、それに子どもの養育という他の労働のために時間を割くからである。十九世紀になると、収入をともなう労働のみが仕事＝労働とみなされ、夫や子どもの日常生活を維持するための労働、すなわち家事労働は「愛の行為」とみなされて「労働」の範疇にはいらなくなる。ところが、十八世紀の時点では出産や養育は生計獲得労働と同次元の労働とみなされているし、両者のあいだに厳密な境界線は引かれていない。

性役割は、自然に備わっている資質から導かれるものではなく、社会的な取り決めであるという当時の見解を象徴的に示していたのが、男性にかんする記載事項である。「男性」として語られたのは、三十歳以上で、結婚して家長としての責任をはたせるだけの基盤を確立した者であった。生物学的に女性でなければ自動的に「男性」だったわけではなく、男性という概念は名誉や名声と結びついた社会経済的地位をあらわしていたのである。

十八世紀から十九世紀への世紀転換期になると、まだ主流ではなかったものの、事典において社会的性差ではなく、「生まれながらにしてより強い男性には重労働や軍務が、女性には穏やかな任務、とりわけ子どもの養育が適している」といった、自然の性差という観点から性役割を根拠づける記述がみられるようになる。自然の性差論の登場は、啓蒙の時代に身体的特徴から人間を「科学的」に把握し、分類しようとする知、すなわち人類学・人間学が新たに成立したことによる。その典型が肌の色や体格による「人種」の区分で、さらに外面的な相違がその内にある精神的・性格的な特徴に結びつけられ、人種がヒエラルヒー的に差異化されたのである。同じように、男女の身体的な違いから対極的な性格把握が導き出され、活動領域の違いや性役割の論拠となった。

十九世紀になると、ジェンダー概念から社会的内容が払拭されて、自然の性差論に完全に変化する。一八一五年刊行のドイツの百科事典をみてみよう。

「男性の精神はより創造的であり、自ら進んで広い世界を手に入れようとし、労苦、抽象的事項の理解、長期的視野での計画により適している。女性の世界は、見とおしのきく狭い範囲にかぎられていて、些細な仕事を根気強くおこなう。荒々しい公的世界は男性に属し、穏やかな家庭領域は女性のものである。男性は額に汗して働き、疲れはてて休息を求め、女性はまめまめしくいつもそこにいて、働く手を休めることはない。男性は自力で運命に立ち向かい、倒れてもなお力を奮う。女性は喜んで主人に従い、涙に慰めと救いを見出す」。

十八世紀末から言説のなかで繰り返された、男性／女性、力強さ／弱々しさ、大胆／控えめ、自立／依存、貫徹／順応、攻撃的／受身的、力／愛、理性／感情、知／信仰、といった二項対立的なジェンダー把握。この「生得的な特性」にもとづいて、男性には公的領域である国家・経済・社会が、女性には私的領域である家庭が割り当てられた。ちょうどこの時期は、家族から経営体としての性格が失われていく時期とかさなっており、社会から隔離された私的な親密空間としての家族の成立する前提条件が整ってきた。家族が「家庭(ホーム)」という性格をおびるようになるこの時期に、「家庭」という概念も成立したのである。だからこそ、積極的にジェンダーの差異化がおこなわれ、女性は公的領域から排除されて、家族＝家庭という居場所を与えられ、家庭を守ることが女性の「天職」だとみなされるようになった。こうして近代市民社会成立の初期に、「男は仕事、女性は家庭」という私たちになじみ深い性別役割分担が誕生したのである。

子どもへの愛情

十六世紀フランスの哲学者モンテーニュ▲は、「乳児期の子どもを二、三人なくし、残念に思わなかったわけではないが、ひどく悲しむというほどのことではなかった」と述べている。彼が特別だったわけではなく、乳幼児死亡が非常に高かった十八世紀半ばころまでは、大部分の人が子どもの死にたいして、こ

▼**ミシェル・エケム・ド・モンテーニュ**(一五三三〜九二)　フランス・ルネサンスを代表する思想家、モラリスト。新興貴族の家庭に生まれ、ボルドー高等法院評定官、ボルドー市長を務め、プロテスタントとカトリックの仲介に尽力。一五七二年に人間性の深い洞察にもとづき人間の生き方を探求した『随想録』の執筆を開始。晩年はモンテーニュ城の図書室にこもり、書斎の人となる。

のような感情をいだいていた。子どもに無関心だったからなのか、それとも「死は避けられない」という諦念のためなのか、それはわからない。だが、当時の人たちが、子どもにたいして今とはまったく違った感情をもっていたことだけは確かである。

アリエスは、文献史料とともに墓碑銘や絵画など数多くの図象史料を用いて「アンシャン・レジーム▲期の子どもと家族生活」について研究し、中世、近世初期、そして下層民のあいだではもっと長期にわたり、子どもは七歳くらいになると「小さな大人」として認知されていた、と主張した。子どもたちは成人の共同体のなかにはいり、ともに遊び、働き、学んでいたため、私的生活の場はなかった。ところが近世後期ころから、子ども服や子ども用の玩具が出現しはじめて、子どもに多くの愛情がそそがれるようになり、親密になった家族空間の中心に子どもの居場所が存在するようになったのである。こうして「子ども期」が誕生する。

子どもが特別視される以前の時期には、母親の子どもへの接し方も「わが子を慈しむ」という態度からはほど遠かった。そもそも自分で子育てをしていな

▼**アンシャン・レジーム**　もとは一七八九年のフランス革命によって打倒された旧体制を指していたが、今では一般化され、各国での市民革命以前の旧体制にも用いられる。新しい政治体制との違いを浮彫りにする概念。トクヴィル(一八〇五〜五九)が『旧体制と大革命』(五六年)で、はじめてこの語を用いた。

農村の乳母

スウォッドリング

い母親が多かったのである。十六～十七世紀のイギリスでは、上層階級の大部分、それに中産階級や下層民の多くの人びとのあいだで、赤ん坊は生まれるとすぐに里子に出され、十二カ月から十八カ月のあいだ、乳母の手で育てられた。フランスでも状況は変わらず、農村では母乳育児がふつうだったが、都市では里子に出す慣習が広まっていた。この数字を、このまま信じるわけにはいかないが、一七八〇年のパリでは毎年生まれる二万人あまりの子どものなかで、わずか一〇〇〇人しか母乳で育てられていなかった、と当時の警視総監は報告している。職人や労働者ですら、妻の生計での協力が不可欠だったため、子どもを農村の乳母のもとに送り、養育費を負担できない極貧の人たちだけが子どもを手元においたのである。リヨンのある医師が「慎重な乳母か母親が育てても四分の一は死ぬし、できの悪い乳母なら三分の二が死ぬ」と書いているように、里子の死亡率は母親の手で育てられる子どもより高かったにもかかわらず、里子の死にはあまり大きな関心がはらわれなかったようである。

子どもたちは、生まれるとすぐに帯状の布で両手と両足をまっすぐに伸ばしたままぐるぐる巻きにされていた。この慣習はスウォッドリングと呼ばれ、生後四カ月くらいまで続けられた。子どもたちはこれにより手足の自由を奪われ、時に荷物のようにあつかわれたり、汚物まみれになったりした。のちには残酷視されるこの風習には、大人の労働の邪魔にならないようにという考えとともに、こうしないと赤ん坊の体が曲がってしまうと、当時の身体観にもとづく配慮もあったのである。

　だが、啓蒙思想家たちの見方は、まったく違っていた。自由・自然・幸福を重視する啓蒙の哲学によると、スウォッドリングは子どもを束縛する元凶以外のなにものでもない。ルソー▲は「子どもを、動きはじめるときに体を束縛したり締めつけたりするいっさいのものから解放しなくてはならない」と主張し、子どもを伸び伸びと自発的に育てる新しい育児法を提起した。医師も、健康や衛生といった医学的観点から、この慣習の危険性を訴えた。そして、他人にまかせっぱなしにしている子どもの養育に両親自らがたずさわるべきという言説が唱えられるようになる。育児の価値は引き上げられ、それと同時に子どもにたいする親の道徳的な義務と責任感が喚起された。その現れの一つが母乳育児の推奨である。高い乳幼児死亡率の原因の一端が両親の無関心にあると考えら

▼**ジャン・ジャック・ルソー**（一七一二～七八）　思想家、文筆家。ジュネーブで時計職人の子として生まれ、独学で学んだのち、一七四一年パリに出て文筆活動にはいる。ディドロら百科全書派と交流するが、彼らと折り合わず、一七六〇年ころから独自に執筆活動に専念し、『新エロイーズ』（六一年）、『エミール』（六二年）、『社会契約論』（六二年）を発表。最後の書の自然宗教的内容が高等法院に禁止され、諸国を放浪することになった。人間の自然の善性と社会の悪影響を説き、専制政治を批判して直接民主主義の人民主権論を提唱し、ラディカルな民主主義の源流になる。

捨て子を収容するために施療院にしつらえられた扉

れ、これを引き下げるための啓蒙的なキャンペーンとして母乳育児が主要な関心事となり、教条的なまでに母乳が称賛されたのである。

ルソーも熱心な母乳育児の推奨者だったが、彼の場合、重要なのは「家族の愛情の絆」で、それは母親と子どもの肉体的な接触から生まれると考えていた。そして彼は、子どものために献身し、どんな犠牲をもいとわない母親像を描きだした。イデオロギーとしての母性愛である。十九世紀に「自然な感情」「本能」として定着し、規範化された母性愛は、決して通文化的、普遍的に存在していたものではなく、こうした歴史過程のなかで誕生したのである。

十八世紀後半には、医師たちによって乳幼児期の育児方法について指南する「育児書」の類が非常に多く出版された。ここで注目したいのは、決して母親だけが育児の担当者と考えられていなくて、父親も乳幼児の健康や衛生の責任者として想定されていることである。これは、育児書のタイトルが『子どもの身体の発達のために両親が注意すべきこと』（一七八二年）、『乳児の食事の世話にかんする両親への手引き』（七一／九九年）というふうに両親向けに書かれていたことから明らかになる。もっとも、十九世紀には、『生後数年の子どもの栄養について――母親への手引き』(一八〇二年)というように、母親向けに変わってくるのだが。

子どもの教育

子どもの教育にあたっては、母親の影はさらに薄く、主役が割り当てられるのはもっぱら父親だった。この時期に「道徳週刊誌」上でさかんに展開された啓蒙主義的な教育の勧めは、父親を対象にして書かれている。子どもの教育は伝統家族の時代から家長の義務であったが、男女の「自然の性差」を強調していた啓蒙主義者の根拠は、これとは異なっている。つまり志操堅固で理性的な性格のもち主である男性こそ、人格面や知的な教育を担うにふさわしいと考えられたのである。乳幼児期の育児についても、ルソーが「母親は乳母で、父親は教師」と述べているように、指針を決めるのは男性とされていた。

父親が教育担当者となったのは、父親の権威を実現するためでもあった。当時の教育理念は、教育者と生徒のあいだに一定の距離が必要だと考えていたので、愛されるとともに畏れられる存在だった父親が教育者に適していたのであ

子ども部屋

▼**ファニー・レヴァルト**（一八一一〜八九）　作家。教育と職業権を要求し、女性解放運動に先駆的役割をはたす。ユダヤ人商人を父に、九人兄弟の長女として生まれる。当初の姓はマルクスだったが、ファニーが二十歳のときに、家族はレヴァルトに改姓した。一八二九年にプロテスタントに改宗。当時の市民層の娘たちに典型的な青春時代を過ごしたが、お膳立てされた愛なき相手との結婚は断固として拒否。いとこの発刊する新聞に寄稿し、一八四三年に作家デビュー。その二年後にローマで生涯のパートナーとなるドイツ人男性に出会う。彼には妻子があったが、一八五二年にファニーとの生活を選択した。

る。しかし、父親はもはや以前のような子どもに命令をくだし、自分の意に従わせる存在ではなくなっていた。むしろ子どもの助言者であり、友人であることが求められ、日常の家庭生活においても、大人の生活尺度で子どもを裁断するのではなく、子どもらしい振る舞いや個性が尊重されるようになった。ここに子どもを「小さな大人」（アリエス、二一頁参照）とみなすのではなく、子どもという独自な存在、独自な発展段階として受けとめ、心と体の発達を愛情豊かに見守ろうという新しい子ども観をみることができる。

実際、市民層の父親たちは幼少期から子どもの教育に大きな役割をはたしていた。十八世紀や十九世紀初頭に子ども期を過ごした人びとの自叙伝には、父親から受けた教育や躾《しつけ》、さらにセンチメンタルな思い出がしばしば登場している。とくに十八世紀の自叙伝では、両親について語る場合、母親より父親のほうに多くのページ数が割かれているくらいである。

一八一一年に、ドイツのケーニヒスブルクで生まれたファニー・レヴァルト▲の自叙伝には、十三歳で学校教育を終了した彼女のために、父親自ら作成した日常生活の時間割が記されている。

ファニー・マルクスの時間割

全般的な取り決め

7時30分までに完全に身支度が整えられているように，遅くとも7時に起床する。

月曜日	午前8時～9時	ピアノ。新曲の練習
	9時～12時	手芸。いつもの裁縫および編物
	午後12時～1時	以前の教科書の復習。フランス語，地理，歴史，ドイツ語，文法その他
	1時～2時30分	休憩および昼食
	2時30分～5時	手芸
	5時～6時	トーマス氏宅にてピアノのレッスン
	6時～7時	習字
火曜日	午前8時～9時	ピアノ。新曲の練習
	9時～10時	家庭用手芸
	10時～12時	通奏低音の練習
	午後12時～1時	月曜日に同じ
	1時～2時30分	同上
	2時30分～5時	同上
	5時～6時	ピアノの復習
	6時～7時	月曜日と同様に習字

水曜日

月曜日に同じ

	午後5時～6時	ピアノ。古典楽曲の練習

木曜日，金曜日，土曜日

週のはじめの3日間に倣う

日曜日	午前8時～9時	ピアノの練習

その後はファニーの自由。ただし，課題の遅れがあれば，これを取り戻す。

●—手芸をする少女

●—ピアノレッスン

手芸の時間

ここには、将来、家庭の妻となって家事に専念すべき当時の市民層の娘の生活や規範が凝縮されたかたちで示されている。家庭的な勤勉の象徴である手芸、淑女のたしなみとしてのピアノとフランス語、習字。もともと無知なうえに、高度な学識は不必要と考えられた女性のために、学習は知的刺激のない復習のみ。将来の職業を念頭においた専門知識の獲得が主眼となっていた男性の教育と好対照をなしている。

父親が家庭生活にかなり関与できたのは、十九世紀の初頭にはまだ執務の一部を家庭でおこなったり、長時間の家庭昼食休憩をとったりすることがふつうだったため、多くの時間を家族と共有できたことによる。ファニーの父親は商人で、商業使用人や商業見習いも同居しており、自宅が仕事場をかねていた。母親は、自家生産をモットーとする世帯の切盛りで忙しかった。もちろん、ファニーも子どものころから遊びをかねて母の手伝いをしていた。教育面での父親の活躍は、こうした家庭事情もおおいに関係しているのである。

だが、学校教育が発達し、職場が家庭外へ移るにつれて、「公的な空間」と「私的な家庭領域」とのあいだに引かれる境界線は鮮明さをまし、それととももに子ども期の自叙伝のなかで父親の姿は遠い存在になっていく。かわりに母親が、育児だけではなく、子どもの教育の担い手としても浮上してくるのである。

④—ヴィクトリア期の家族

避難所としての家庭

「わが家にまさるものはなし」と歌い上げる「埴生《はにゅう》の宿」（ホーム・スウィート・ホーム）は、一八二〇年代に作曲され、七〇年代にポピュラーになった。この歌の流行に象徴されるように、ヴィクトリア時代▲に家庭は「なにものにもかえがたい場所」として神聖視され、独特の家庭文化を形成する。この時期、近代市民家族は頂点をむかえるのである。

世界に先駆けて産業革命を経験したイギリスでさえ、十八世紀末から十九世紀初頭の時期にはまだ仕事場と家庭の境界は曖昧なままで、既婚女性が夫のビジネスに関与することは禁止されていなかったし、牧師や教員の仕事でも夫婦で協力し合って職務を遂行することもまれではなかった。また逆に、父親も子どもの教育に積極的に取り組むなど、家庭領域にも関与していた。しかし、このころから、貴族の不品行を批判し、貞節や節制を求める福音主義▲やフレンド派（クェーカー▲）などの宗派の影響が、しだいに家庭のなかにはいってくる。道

ヴィクトリア女王

▼ヴィクトリア時代（一八三七〜一九〇一）　ヴィクトリア女王（一八一九〜一九〇一）の治世時代で、イギリスの最盛期となる。女王の父はジョージ三世の四男ケント公エドワード、母はザクセン＝コーブルク出身のドイツ人。一八三七年、伯父ウィリアム四世の死にともないイギリス王位を継承。ザクセン＝コーブルクのアルバート公と結婚して九人の子どもの母となり、その家庭生活は「一家団欒」「家庭の尊重」という道徳意識の代表として表象された。夫の死（一八六一年）後、一時引きこもって政務から離れるが、七七年以降インド女帝の称号を獲得し「大英帝国の母」として国民に慕われた。「君臨すれども統治せず」という原則で議会制民主主義を貫いた。

徳と信仰の源として家庭を神聖視した福音主義は、女性と男性はまったく異なる存在であり、女性のほうが男性より、はるかに道徳的で信心深いとみなしていた。そして、男性に守られ、男性の「内助者《ヘルプメート》」として家庭のなかで働く女性こそ道徳の担い手という理念を説いたのである。

この理念を実践したのが、医師、弁護士、大学教授などの専門職の担い手と経済ブルジョワジーからなるミドルクラスだった。彼らは、贅沢三昧の堕落した生活をする上流階級とも、規律のない下層民とも異なる独特な階級意識を形成し、その象徴となったものが専業主婦の守る道徳的な家庭生活である。ヴィクトリア朝の始まる一八三〇年代後半には、工業の発展や海外貿易の進展によって、ミドルクラスのなかでも農・工・商の企業経営にたずさわる者や技術者の数がふえていた。このころには職場と家庭の分離も進み、外の世界で仕事をする父親が家庭に憩いを求めるようになって、「道徳の源としての家庭」、さらには「幸福と安らぎの空間としての家庭《ホーム》」という言説を現実化できる基盤が整い、それとともに、ますます家庭の重要性とその担い手としての女性の役割が強調されるようになる。

▼**福音主義**　福音はイエスがキリスト（救主）としてもたらした神の人間にたいする救済を意味する。聖書に立ち返ることを目的に宗教改革によって誕生したプロテスタンティズムは、この福音思想を強調することから福音主義とも呼ばれる。聖書のみを尊重し、信仰によってのみ救われるとする正統派プロテスタンティズム。カトリックに近いイギリス国教会は、福音主義から除かれている。

▼**フレンド派**（俗称クェーカー）　十七世紀半ばにイギリスで生まれたプロテスタンティズムの一派。「神の種子」の普遍的内在と人間の可能性を確信し、「内なる光」、すなわち個人のなかにあらわれる神が信者に力を導くとする。奴隷解放、刑務所改良などに取り組み、暴力はつねに誤りという絶対的平和主義を貫く。

ミドルクラスの家庭

未曾有の繁栄を経験したヴィクトリア時代、ミドルクラスの経済活動の担い手たちは能力と勤勉・努力しだいで、その富と社会的威信を確実に増加させることができた。しかし、それだけにビジネスの世界、すなわち「家庭の外の世界」において金銭重視や効率優先の価値観ゆえに、また名誉のために男たちは激しい競争にさらされていた。個人主義のはびこる疎外された環境と人間関係のなかで、彼らは不安と不信をかきたてられ、しかもビジネスの拠点である都会の汚染された空気と喧騒が、男たちのストレスを否が応でも高めたのである。

当時、数多く発行されていた『家庭の手引書』は、こうした「外の世界の道徳的汚染」を誇張して描き、その対極に位置する「内の世界」、すなわち家庭と、そこにおける女性の役割を説いている。すなわち「愛と信頼に満ちた家庭」はさまざまな否定的要素をともなう職場からの「避難所」となり、外の世界の汚染にたいする「防波堤」となるのであった。だからこそ夫たちは、きちんと整えられた家庭の快適さのなかで、自己と人間性を取り戻し、英気を養うことができるという。女たちの役割は、「家庭の天使」として「パンの稼ぎ手」である夫に「癒し」を提供することだった。

▼コヴェントリー・パトモア(一八二三〜九六)　詩人。著述家の長男で、幼少期から文芸家になることを望む。父の財政悪化後、一八四六年から大英博物館図書室に勤務し、詩作に励む。一八四七年に結婚し、著名な『家庭の天使』と、その継承作品『結婚』『永遠の信頼』『愛の勝利』(五四〜六二年)で、ヴィクトリア時代における理想の夫婦像をあらわす。妻エミリーの死(一八六二)後、カトリックに改宗し、再婚。

居間兼食堂

この「家庭の天使」という名称は、結婚の幸福を謳い、妻の清らかな愛を讃えた、パトモア▲の詩のタイトルに由来する。十九世紀の終わりまでに二五万部以上が売れたといわれる『家庭の天使』は、理想の女性の呼称として定着した。女性が「天使」たれるのは、当時のイデオローグたちの見解によると、生まれながらにもっている「高い道徳性」と「愛する心」のゆえであった。男性と女性は本質的に異なり、家庭こそ女性の特性にふさわしい本来の居場所であり、女性が能力と影響力を発揮できる場所という言説、すなわち「家内性の神話」は、この時代、繰り返し唱えられると同時に、ミドルクラスのあいだに広く浸透し、規範として女性たちの生活を規定したのである。

家庭が幸福と安らぎの空間であるためには、その入れ物である住居が快適でなければならない。とりわけ理想とされたのは、郊外の住居である。ここは、都会の喧騒を逃れ、緑豊かで自然と一体になれる、まさに「避難所」にふさわしい場所であった。多くの上層ミドルクラスの家族は、都心の住居とともに郊外に別荘をもち、週末には家族全員で自然のなかの生活を楽しんだ。ガーデニングがブームになり、花や草木とふれることによって男たちは仕事に疲れた魂

居間

ヴィクトリア女王一家のクリスマス

をリフレッシュすることができたのである。

住居の内部では、プライバシーが保たれるよう廊下をへだてた個室がつくられ、居間と夫婦の寝室、子ども部屋のある住文化が誕生していた。そもそも廊下は十九世紀への転換期にはじめて登場したもので、それまでは部屋を通ってしかつぎの部屋に行けず、プライバシーという概念がなかったことがわかる。インテリアが独自の意味をもつようになり、ミドルクラスの家庭では、壁にかけられた絵画、模様入りの壁紙、カーテン、カーペット、シンプルだが落ち着ける家具などが標準の設備となり、居間には家庭のぬくもりを象徴する暖炉が備えつけられていた。

ヴィクトリア時代の家族文化は、以前は教会を中心とする地域のお祭りの性格をもっていたクリスマスを家庭のイヴェントに変化させた。居間にかざられたクリスマス・ツリー、プレゼントや七面鳥をはじめとするご馳走にかこまれ、まさに家庭の幸福と親密性を象徴的に示す家庭クリスマスは、この時期に誕生したのである。ほかにも、イースター、誕生日など、家族でお祝いをする機会はふえていく。父親が仕事に専念して家庭から遠ざかるにつれて、家族のまとまりをアピールするためにも、こうした行事のもつ意味合いが大きくなったのである。

主婦の役割

一八四〇年代後半の不況と社会不安の増大というトンネルを抜けて、ふたたび繁栄を謳歌していた六一年、『ビートン夫人の家政読本』が発行された。爆発的な人気を博したこの本は、出版後三年間で三万部も売れ、著者のイザベラ・ビートンが、わずか二十八歳でこの世を去ったあとも長らく生命を保ちつづけ、現在でも版をかさねている。

『家政読本』は、一家の女主人である主婦に「居心地よい家庭」を築くための心得書として書かれたものである。クラブ、酒場、料理店などで優れたもてなしを受けている男性を満足させ、こうした場所の魅力に対抗するために、主婦は快適な家庭づくりのノウハウと料理についての十分な知識をもつべきであった。したがって本の内容は、ページ数の大部分を占める九〇〇をこえる料理のレシピのほかに、一家の健康管理、子どもの躾方《しつけ》、客のもてなし方、召使い

▼**イザベラ・ビートン**（一八三六〜六五）　ロンドン生まれ。幼いころ父をなくし、再婚した母とともにロンドン南方のエプサムに住み、ドイツのハイデルベルクで学ぶ。出版業者のサミュエル・ビートンと一八五六年に結婚し、彼の発行する出版物に料理や家事にかんする記事を書く。一八五九年から『イギリス女性の家内雑誌』の別冊付録として寄稿していた記事が六一年に『ビートン夫人の家政読本』として出版される。四人の子どもを出産後、二十八歳で早逝。

『ビートン夫人の家政読本』の表紙(右)と本文(左)

の使い方、怪我や突発的な病気のさいの処置、家の買い方借り方、家具の選び方、近所との交際法などから成っていた。ここから、ヴィクトリア時代の家事の決まりがいかに詳細で仕事量も膨大だったのかがわかるが、ミドルクラスの主婦は掃除や洗濯などはもちろん、料理や育児についても直接手がけていたわけではない。また、そのようなことを期待もされていなかった。彼女は、家事が秩序正しくおこなわれているかどうか監視し、管理すればよかったのである。

家事を実際におこなったのは、使用人たちであった。ミドルクラスにとって、使用人の存在は労働者階級と自らとを区分する社会的地位の指標となっていたため、年収が二〇〇ポンドに満たなくて、家計のやりくりが大変だったとしても最低一人のメイドを雇用した。しかし、ミドルクラスにふさわしい体面を維持するためには、料理女と食卓に侍するパーラーメイド、それに掃除などの雑事を受けもつハウスメイドの、少なくとも三人は必要だった。また小さな子どもがいる場合には、子守女中も雇っていた。

主婦の仕事は、使用人の監督であった。ビートン夫人によると、朝食前に子どもたちがきちんと洗い清めてもらったかどうか注意し、朝食後には台所を一巡して秩序正しく整然としているかどうか、メイドたちがきちんと仕事をしたかどうかを確かめ、その日の仕事の指示を与えたり、倉庫から必要なものを出して彼女たちに手渡したりするのが、主婦の務めであった。しかし、こうした管理の役目さえ、年収四〇〇ポンドをこえる収入のある家庭では、家政婦を雇い、彼女にまかせたのである。使用人の数は、年収が高いほど多く、上層ミドルクラスでは自家用の馬車をもち、御者や馬丁などの男性使用人も雇っていた。

主婦が家事に手出しをしなかったのは、「家庭の天使」である妻は「癒し」や「導き」という情緒的あるいは教育的な役割に専念すべきだと考えられたからである。当時の女性雑誌は、手仕事の領域で有能な人的援助をえることによって、はじめて母親は子どもの性格を理解し、子どもの個性に適したやり方の躾を与えられる時間的余裕をもてるし、子どもたちの導き手となり、交わりを楽しむことができる、と説いている。また「手引書」は、「避難所」に帰ってくる夫に、すべての注意と時間を向けよ、と諭している。

ところが所得が増加するにつれて、妻たちは上流階級あるいは上層ミドルクラスのような「お上品」な暮らしぶりにあこがれ、これを模倣した「レディ」

としての生活を送るようになった。彼女たちは、ますます子ども部屋の束縛から解放され、子守女中が子どもに適切な衣食を与え、玩具が十分にあるかどうかにさえ気をつければ、それで子どもにかんする義務をはたしたものとみなされた。年長の女の子の面倒は、同じミドルクラスの出身ではあるが、「困窮したジェントルウーマン」となったガヴァネス（女家庭教師▲）がみてくれたし、男の子は寄宿舎▲つきの学校に入学したのである。

「有閑マダム」となった家庭の女主人は、読書、手芸、手紙書き、身支度に多くの時間を費やした。一日に何度も着替えをすることもあった。というのも、午後の他家への訪問、お茶会、散歩、夜のレセプションや晩餐会への出席、コンサート、オペラ、観劇などのために頻繁に外出したからである。また自宅では、しばしば自らがホステスとなってパーティを催した。ただし彼女たちが、こうした社交生活をたんに自らの快楽のためだけに送っていたと考えてはならない。社交に熱心になったのは、夫の仕事に役立てるためでもあった。ビジネスの世界では、「妻の内助」は強力な武器となる。結婚のさいの持参金による事業拡大、妻の親族や知人をつうじた新たな顧客開拓やポストの獲得、妻の会

▼ガヴァネス　住み込みの女家庭教師。一八七〇年以前は一部の寄宿制を除き女子のための中等学校は存在しなかったため、娘たちは家庭でガヴァネスから教育を受けた。ガヴァネスはミドルクラス以上の出身だが、なんらかの理由で自ら生計の資をえなければならなくなった女性が十九世紀末までにつけた唯一の恥ずかしくない職業。世紀後半には、男女の死亡率の違い、男性の海外移住、男性の晩婚化によって独身女性の数がふえ、ガヴァネスは供給過剰となり、待遇は悪化した。

▼寄宿舎　イギリスのエリートの子弟たちは、九歳ころから十八歳になるまで中等教育機関であるパブリック・スクールで学び、その後大学に進学した。十九世紀初頭のパブリック・スクールは九校で、二校を除き、すべて寄宿制を採用していた。一八四〇年から七〇年にかけて富裕な商工業（経済）ブルジョワジーがふえて子弟にジェントルマン的教育を望んだため、寄宿制パブリック・スクールの新設ブームがあった。

階層別の典型的な家計パターン

	上層ミドルクラス（5人家族を想定・1823年）	中層ミドルクラス（6人家族・1824年）	労働者（5人家族・1840年頃）
	支出比率（%）		
食費	26	46.6	69.2
石炭・ローソク・石鹸・など	7	7.1	8.9
娯楽費・医療費など	3	3.0	–
衣料費	12	14.4	–
家賃・税金・修繕費など	12	10.0	16.7
教育費・こづかい・雑費	8	4.2	5.2（うち雑費 3.0）
召使い・女中	22（うち馬車10・御者・馬丁など男性使用人 8）	6.4	–
予備費または貯金	10	8.3	–
計	100	100.0	100.0
年収	£1000 ～ 5000	£250	£39 前後

出典：J. A. Banks, *Prosperity and Parenthood*, London,1954, pp55-56; J.Burnett, *Plenty and Want*, Reviced ed., London, 1979, p. 68, pp. 89-90.

中層ミドルクラスの１週間の食費内訳

		s.	d.
パンおよび小麦粉		6	0
バター		3	6
チーズ		1	3
ミルク		1	6
紅茶		2	6
砂糖		3	0
香料・調味料など		3	0
肉		10	6
魚		3	6
野菜および果物		3	0
ビールおよびその他のアルコール		7	0
計	£2	4	9

12ペンス＝1シリング（s.），20シリング＝1ポンド（£）。ペニーの略語のd.は古来ペニー銀貨を「デナリウス」と呼んだ名残。
出典：J. Burnett, *Plenty and Want*, Reviced ed., 1979, p. 89.

母のおでかけ

上層ミドルクラスの居間と食堂

話をつうじたコネクションの維持など。そしてなによりも妻が優雅で遊惰な生活を送ることは、夫にとって体面の誇示に不可欠なステータス・シンボルとなったのである。

セクシュアリティと家族数

海辺のリゾート地や海外でのバカンス、高価な服飾や調度品、ご馳走と高価なワインのそろった食卓やパーティ、メイドの増加、こういった体面を誇示する生活を続けるには膨大なお金がかかった。また息子たちをパブリックスクールや大学に行かせ、娘をレディに仕立てあげるための教育費もかさむばかりだった。職業経験の浅い若い男性にとって、こうした生活に見合うだけの収入をえるのは並大抵のことではない。結婚による生活レベルの低下、つまり「地位」の格下げを恐れる彼らは、自分たちが望むような生活ができる確信がもてるまで結婚を先延ばしにすべき、という見解を受け入れた。そして、実際に、一八七〇年以降には、それ以前に較べてミドルクラスの結婚年齢は着実に上昇している。イギリスのほうがドイツより相対的に結婚年齢が低く、一八七〇年

自伝にみるイギリスおよびドイツのミドルクラス家族の結婚年齢（1830 ～ 1910年）

年齢	女性（%）		男性（%）	
	イギリス	ドイツ	イギリス	ドイツ
16 ～ 20	52	33	–	–
21 ～ 26	36	36	25	14
27 ～ 32	11	30	25	32
33 ～ 40	–	1	33	36
40<	1	–	17	18

出 典：Gunilla-Friederike Budde, *Auf dem Weg ins Bürgerleben. Kindheit und Erziehung in deutschen und englischen Bürgerfamilien 1840–1914*, Göttingen 1994, S. 42.

イギリスおよびドイツのミドルクラスの子ども数の変化

子ども数	1830 ～ 1870（年）		1870 ～ 1910（年）	
	家族（%）			
	経済ブルジョワジー	教養市民層	経済ブルジョワジー	教養市民層
1	–	2	2	3
2	8	4	9	8
3	5	13	18	28
4	14	21	20	18
5	16	22	16	14
6	10	4	18	10
7	13	10	9	9
8	18	8	3	5
9	10	4	–	5
10	5	7	5	–
10人以上	1	5	–	–

出 典：Gunilla-Friederike Budde, *Auf dem Weg ins Bürgerleben. Kindheit und Erziehung in deutschen und englischen Bürgerfamilien 1840–1914*, Göttingen 1994, S. 51.

●ガヴァネス

以前には二十代と三十代で結婚する男性の数は同じくらいだったけれども、七〇年以降には三十二歳以降に結婚する者が過半数をはるかにこえたのである。

同じころ、家庭の子どもの数も徐々に減少していった。一夫婦あたりの平均出生数は、一八六〇年代に六・一六人だったのが、七〇年代に五・八人にさがり、八〇年代には五・三人、九〇年代は四・一三人、さらに一九一五年には二・四三人に激減している。これは、すべての階層をあわせた数字だが、なかでもミドルクラスが、その先鞭をつけていた。彼らの自伝によると、一八六〇年代までは五〜六人、あるいは七人以上の兄弟姉妹がいる家庭で育つのがふつうだったのに、七〇年代以降は三人以下もめずらしくなくなっている。いったい、どのような手段を講じて子ども数を減らしていったのだろうか。

ヴィクトリア時代には、「女性には性欲はない」という説が支配的だった。道徳的清純さの象徴であり、魂の浄化の役割を担う「家庭の天使」にぴったり符号する見解だが、もちろん、この説は神話にすぎない。だが、性が極端にタブー化され、夫婦の秘め事に解消されていたのは事実である。性的なことにまったく無知なまま結婚した女性のなかには、初夜の夫の振舞いに驚き、恐怖におののいて実家に逃げ帰る者すらいた。

逆に男性の性欲は本能とみなされ、二重基準《ダブルスタンダード》のもとで、しばしば婚姻外の性を謳歌していた。結婚年齢の上昇は、禁欲的な生活の長期化を意味するわけではなく、売春宿にかよったり、愛人がいたりする男性も多かったのである。

とはいえ、これは「裏の世界の話」のことで、抑圧的なヴィクトリア時代の性文化のもとで避妊について公に語ると、猥褻《わいせつ》行為とみなされ、危険思想と同一視された。にもかかわらず世紀の後半には避妊具の使用も含めた具体的な避妊法について解説する書物が出版されていたが、避妊具が実際に普及するのは世紀転換期のことだった。一八五〇年代から静かに進行していった意識的な出産数の減少には、膣外射精や禁欲という方法が広く用いられたのである。こうした避妊の方法ゆえに、また経済的に男性に全面的に依存していた女性の立場を鑑みると、男性が避妊の主導権を握っていたという解釈はもっともらしく思える。しかし、実際には女性も子どもの減少を望み、妊娠しないよう、あるいは流産するよう、彼女たちなりに、さまざまな方法を駆使していたのである。

⑤―労働者層の家族

初期工業化時代の労働者家族

十九世紀にヨーロッパのミドルクラス（市民層）が近代家族を形成し、国は違っていてもよく似た家族生活を送っていたのとは対照的に、同じ国の下層民である労働者層は、ミドルクラスとは異質な家族文化のなかで日々を過ごし、二つの世界がまじりあうことはなかった。

十九世紀の後半にいたるまで貧困と隣り合わせの生活をよぎなくされていたドイツの下層民の家族は、一家が総出で働いて、しかも倹約をかさね、ようやく暮らしが成り立つという状況にあった。たしかに主たる稼ぎ手は夫だったけれども、妻が家事だけに専念できることはほとんどなく、子どもも義務教育▲終了後はもちろん、学齢期においても親の仕事の手伝いや弟や妹の子守をして家計の手助けをしていた。十九世紀前半の農村では、夏の農繁期には学校そのものが休みになったり、あるいは仕事を手伝わせるために親が子どもに学校を休ませたりしていた。子どもは、まだまだ労働力として重視され、市民層のよう

▼**義務教育**　プロイセン王国（中心領土はドイツ北部）は、一七一三年にヨーロッパ諸国に先駆けて五〜十四歳の義務教育を導入。就学率は十九世紀初頭で約六〇%だったが、後半には一〇〇%近くに上昇した。いち早く工業化を成しとげたイギリスの義務教育開始は遅く、一八七〇年に五〜十三歳までの就学強制が定められ、確立は七六年。フランスも遅く、一八八二年に六〜十三歳までの義務教育が導入された。義務教育開始以前にも、民衆の子どもたちは宗教系あるいは公立学校、日曜学校などで教育を受けていた。

家内工業をいとなむ織工一家

に子どもが家族の中心になることはなかった。実際、労働で忙しい両親には、子どもをきちんと世話をしたり、愛おしく接したりする時間もエネルギーも残っていなかったのである。

初期工業化の時代、就業者のもっとも多かった工業部門は繊維業だったが、その多くが農村あるいは都市で家内工業をいとなんでいた。自宅が同時に生業の場であり、父親は朝早くから夜遅くまで織機の前に座り、妻は一緒に織るか、あるいは糸巻きや管巻き、糸紡ぎなどの補助労働に従事していた。子どもも五歳くらいで糸巻車の上に座らされ、その仕事を覚えさせられる。織りあがった布地を問屋に届けるのも、子どもの役目だった。農村の場合、農業基盤を残している家族も多く、不況になると農業で食いつないでいた。また農村の住民はもちろん、都市居住者でも菜園をもっていて、自家消費用の野菜をつくったり家畜を飼ったりしている。菜園の世話をするのも、女性の役割だった。

農地獲得が結婚の条件となった農民の場合とは異なり、織工の場合、技能が身について家族を扶養できる財政基盤が整えば、財産の有無や親の意向とは無関係に結婚できる。扶養するといっても、夫の収入だけで生活をするわけでは

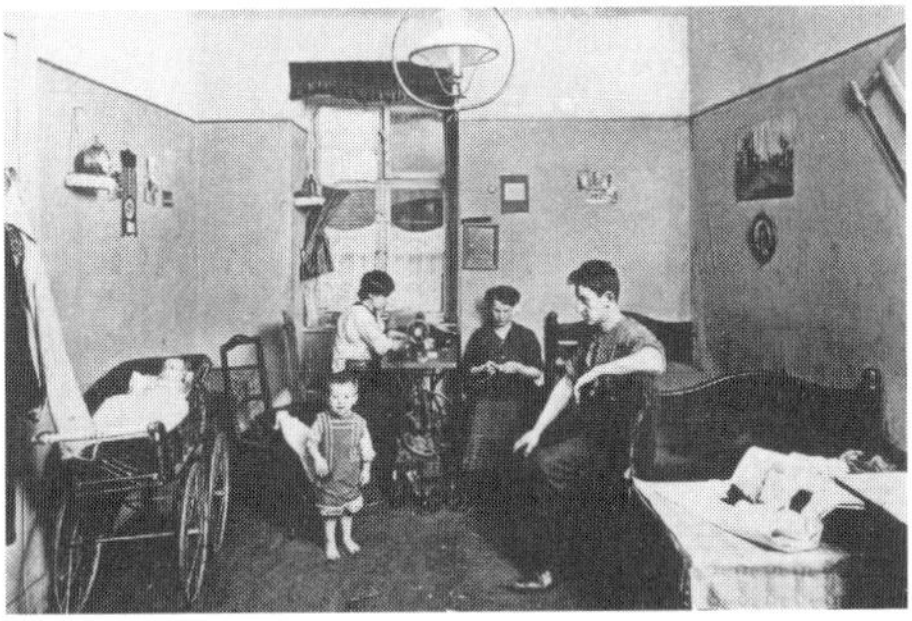

四人家族の仕事場兼住居 ミシンをかけているのは見習い。

なく、夫が中心になって、家族の協力をえながら一家の生計維持に必要な収入をえるのである。できるだけ早く親元を離れて独立した世帯を形成したい若者たちは、農民時代より低い年齢で結婚した。織工世帯の場合、三世代同居は例外的にしかみられない。パートナーの選択は、当人同士でおこなっている。その意味では近代的であるけれども、市民層のように「愛こそ結婚の基盤」というメンタリティーをはぐくめる状況にはほど遠かった。結婚相手の選択にあたり重要だったのは、愛よりも労働力という側面である。織工の男性たちは、妻の支援をえて生産量がふえるよう、織物技能に習熟している女性との結婚をなによりも優先した。それゆえ夫婦生活においても親密で調和的な関係を築いていけないことも多く、夫はしばしば妻を自分の意思に従わせようとし、妻のほうでもこれに口答えすることもまれではなかった。

そんな織工にとってなによりの息抜きは、自宅兼仕事場の狭くて隔離された空間を抜け出して酒場に行き、仲間とグラスを傾けたり、カード遊びに興じたりすることだった。良妻賢母の規範がまだ浸透していないこの時代、妻が夫とともに酒場に行くこともあった。また彼女たちは同性の仲間たちと路上や洗濯

家内工業での玩具作り

場などで活発に交流し、つねに情報交換をおこなっていた。彼らの家族関係は外部にたいして開かれており、家族成員だけの閉鎖的で情緒的な家庭生活とは無縁の世界に生きていたのである。

織工以外の労働者の世帯でも、暮らしぶりはそれほど変わらない。もちろん鉱夫やこの時期にはまだ少なかった工場労働者、あるいは建設現場での日雇い労働者など、仕事場と生活の場が分離している人たちも多かったが、それでも彼らの生活様式は農村的な要素を残し、市民層に較べてはるかに商品経済への依存度が低く、逆に自家生産でまかなう部分が多かったのである。

こうした世帯での妻の役割は、大きく三つに分けることができる。一つは、少ない現金収入や貯蔵品の配分を含めて、家政を頭脳的に管理し、やりくりすること。つぎに、料理、食料貯蔵、洗濯、掃除、裁縫、編物などの家事労働。最後に生計を支えるための労働で、これには家庭の内外での就業労働のほかに、部屋貸しおよび下宿人の世話、燃料用の木材の無料入手、菜園での労働や家畜の世話、遠方まで買物に行き、一部を自家消費に、残りを販売にまわす、などが含まれていた。ただし、この三つの課題は厳格に区別できるものではなく、

五人家族の住居　ベッドは一つだけである。

生計維持のための労働と家事労働はかさなっているところが多く、またこの二つの労働形態や内容も家政の運営と切り離せないものであった。家事労働と就業労働が明確に区別できるようになるのは、工業化が進み、工場労働者が大量に登場する十九世紀後半から末にかけてのことである。

家族の崩壊

十九世紀後半、一八七〇年前後になると、工業社会への移行が本格的に始まり、工場がつぎつぎに新しく建設されるようになった。工場労働者が労働運動に組織されるようになり、家族労働の枠内で就業していた既婚女性が工場労働につくようになると、労働者層の家族生活に社会政策家、牧師、医師、市民団体などが大きな関心を寄せるようになる。そこで彼らの眼に映ったのは、狭くて不潔で雑然とした寝所の機能しかもたない住居、性モラルの乱れ、夫の飲酒と家事に無能で無関心な妻、妻や子どもの長時間就業、家庭内での怒号の応酬など、彼らが「あるべき姿」とみなす市民層の家族とはまったく異なる悲惨な生活だった。

労働者家族の悲惨な住居

「国民学校にかよっている子どもたちの家庭では、まったく特異な状況がみられる。性交渉・出産・産褥期という人生のあらゆるできごとが、一つの場所でおこなわれる。それぞれの子どもが自分のベッドをもつなどということは、三、四人も子どもがいれば不可能である。子どもの数がもっとふえれば、三、四人が一つのベッドで寝る。一人は父親と、二人は母親と、また男子と女子が一緒に眠る。昔流のやり方で育てられた両親は、慎みなどまったくなくしゃべったり、行動したりする。卑猥な冗談を聞けば、そこでなにをおこなっているかが明らかになる。これはありふれたことで、民衆の性生活はすべてこのような環境のなかでいとなまれている。男性下宿人が十二歳の少女に暴行を加えることもまれではない。またアルコールの問題もある。母親がもう妊娠したくないために大酒飲みの夫から逃れようとすると、この一部屋の住居でなにが起こるかは書くに耐えない」。

これは、市民層の女性の書いたもので、性の乱れと劣悪な居住環境の関連が指摘されている。こうした生活環境は社会問題として取り上げられ、社会政策の対象となる。しかし市民層は、同時に青少年の風紀紊乱《びんらん》の問題を当人たちの教化や規律化によって改善しようとし、女性には性モラル、男性にはアルコール問題にとくに熱心に取り組んだ。

市民層よりもやや遅れて労働者の家族生活の調査に乗り出した労働運動も、同じように「悲惨な状態」を告発している。既婚女性の工場労働にかんして、社会民主党の指導者ベーベル▲はこう記している。

「既婚女性もますます多く工場労働に従事するようになったことは、妊娠・出産のさいや、また子どもが母乳に依存している生後一年間をとおして非常に悲しむべき結果をもたらす。妊娠中のさまざまな病気は、胎児にも女性の身体にも破壊的な影響を与え、早産ないし死産を引き起こした。子どもが生まれると、母親はできるだけ早く工場にもどらなければならない。競争相手に職を奪われないためである。それがこの小さな虫けらに必然的に与える結果は、以下のごとくである。すなわち、なおざりな世話、不適切な栄養ないしそのまったくの欠乏。静かにさせておくためにアヘン剤を飲まされる。その結果が大量の死亡であり、病気、発育不全である。子どもたちはしばしば母や父の本当の愛情を知らずに育ち、また彼ら自身、真の意味での親としての愛情を感じること

▼**アウグスト・ベーベル**（一八四〇〜一九一三）　ドイツ社会民主党の指導者。旋盤工として労働運動にはいり、マルクス主義者になる。一八六七年以来、死にいたるまで帝国議会議員として活動。一八六九年にアイゼナハで社会民主労働党の結成を指導（九〇年社会民主党に改称）。一八七〇〜七一年には普仏戦争に反対して大逆罪に問われる。国際社会主義運動の発展にも貢献。社会民主党の男性にはめずらしく女性問題に関心をもち、主著に『婦人と社会主義』（一八七九年）。

もない」。

ベーベルの考える労働者家族の惨状の原因は、資本家による搾取にあった。もちろん、こうした描写は現状にもとづいたものではあるけれども、市民層の社会改良家の場合にはモラルの低下、労働運動の場合には資本主義のもたらす過酷な結果を示すことが目的なので、極端な例が誇張して取り上げられていることも確かである。既婚女性の就業にたいしては、社会民主党には賛否両論あったけれども、社会改良家たちのあいだでは反対が圧倒的多数を占めた。妻が工場労働をやめて家事に十分な時間を割けば、少ない夫の収入でもなんとか生計を維持できるし、家庭の幸せも守れるはずだ、と考えられたのだ。彼らが頻繁に送りつづけたメッセージは、「家族の惨状は貧困という社会的要因によって引き起こされるのではなく、主婦の努力不足のせい」であった。だからこそ、「幸福な家庭生活」を実現させるために、社会改良家たちは労働者向けの「家庭の手引書」をつくり、未婚女性の家政教育に力をいれた。そしてなによりも、「女性の本来の役割は家庭」という規範を浸透させようとしたのである。「手引書」には、こう書かれている。

下宿人のいる家族

「夫は家にパンをもたらし、台所に食物を供給しなければなりません。しかし、あなたは倹約をとおして、パンにバターを、鍋に肉を供給しなければなりません」。

ところで農村から都市に移住してきた第一世代は、以前の慣習を生活のなかに取り込んでいる。非難の的となった下宿人の存在は、たしかに少しでも家賃の足しにしようという経済的な理由が大きかった。しかし、農村では下層民が小さな家に二、三家族雑居したり、奉公人として農民家族と一つ屋根の下で暮らしたりする習慣があったため、他人の同居は従来の居住習慣の延長でもあった。家族のプライバシーの擁護という観念はまだ浸透しておらず、また確立できる状況にもなかった。こうした状況は、「なかば開けっぴろげのプロレタリアの家族構造」と特徴づけられている。

性にかんしても、劣悪な居住環境ゆえに市民層のような「秘め事」にはなりようもなかったが、娘たちは概して性にたいしておおらかで、気にいった相手とならば結婚前の性交渉を恥とは考えていない。ただし、何人もの異性と性交渉をもつわけではなく、一人だけのことが多かった。彼らは、彼らなりのモラルに従って行動していたのである。労働者たちもおたがいに厳しくコントロールしていて、娘にたいする義務を逃れようとする男は仲間から殴られ、彼女との結婚を迫られた。結婚相手の選択は当人たちがおこなっている。結婚の動機は、たいてい妊娠だった。娘たちは、結婚には幻想をいだいていない。家事と就業の二重負担、それに夫のわがままにつきあうことを考えると、恋人同士のままでいるほうがよかったのだ。だから、身ごもったことを知って、はじめて結婚する。

実際、工場労働に従事する子持ちの既婚女性は、朝早くから夜遅くまで、そして休日も休む暇なく働きつづけていた。市民層の女性社会政策家が記した四人の小さな子どもがいる女性労働者の生活をみてみよう。

「彼女の労働は朝四時半に始まる。起きて火をおこし、コーヒーをわかし、昼食のための肉と野菜の準備をして火にかけ、ベッド・メイキングをしなければならない。六時四十五分には子どもたちと一緒に家を出る。子どもたちを託児施設に連れていき、彼女は工場へ行く。十一時半から一時間半帰宅し、食事を温めて食べ、できるだけ多くの家事をすます。食器を洗い、部屋をちょっと

労働時間と自由時間の推移

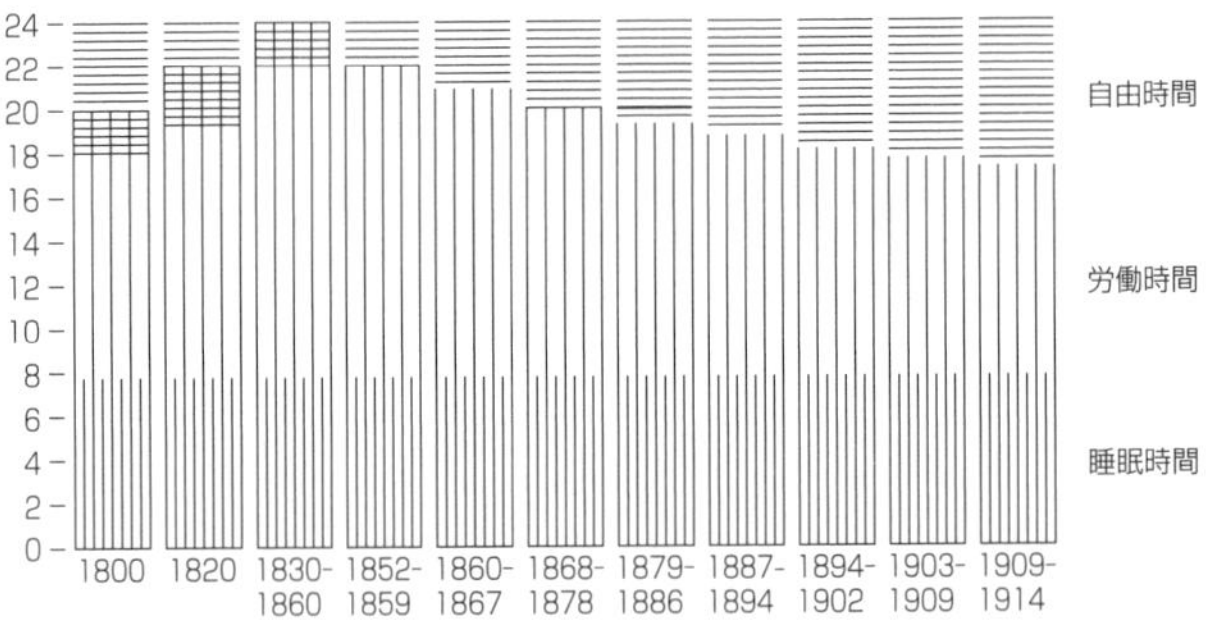

かたづけ、最小限必要な繕い物をする。二、三週間に一度、廊下や階段の掃除をし、窓を拭かなければならない。午後一時には、ふたたび工場での仕事が始まる。工場の仕事が終わっても、家事労働が待っている。彼女が準備しなければならない夕食のあとには、大小の家事がある。食器の後片づけや燃料の用意。ある夜には下着の洗濯。つぎの夜にはアイロンかけ。日曜日には部屋の徹底的な掃除。およそ八週間に一度は大きなものの洗濯日がある。それは土曜の夜か、日曜である。土曜の場合は、夜中の一時になってようやく仕事が終わる。そして日曜日の場合には、すべてを仕上げるために午後まで洗濯場に立ち詰めである」。

小市民的生活様式への接近

労働者層が市民層とは異なる家族生活を過ごした大きな原因は、貧困と長時間労働であった。ところが一八八〇年代に一二〜一四時間に達していた労働時間は、九〇年に一一時間に、さらに一九〇〇年以降は一〇時間に減少した。また実質賃金も年々上昇している。その結果、生活レベルは少しずつ上昇し、以

実質賃金の推移

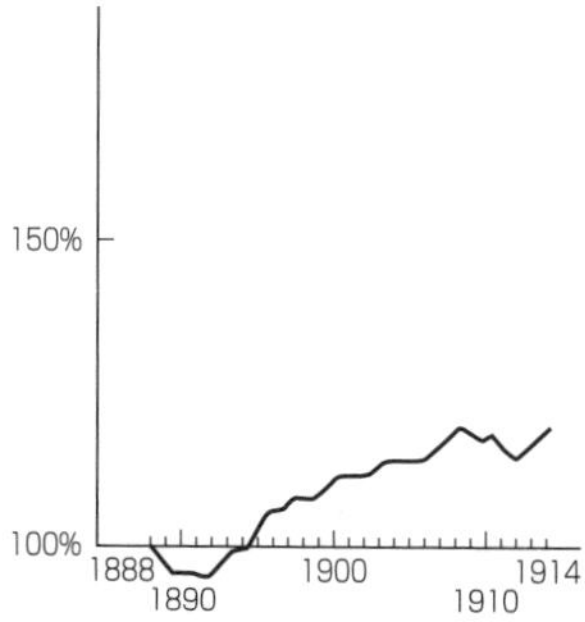

出生率と死亡率の推移

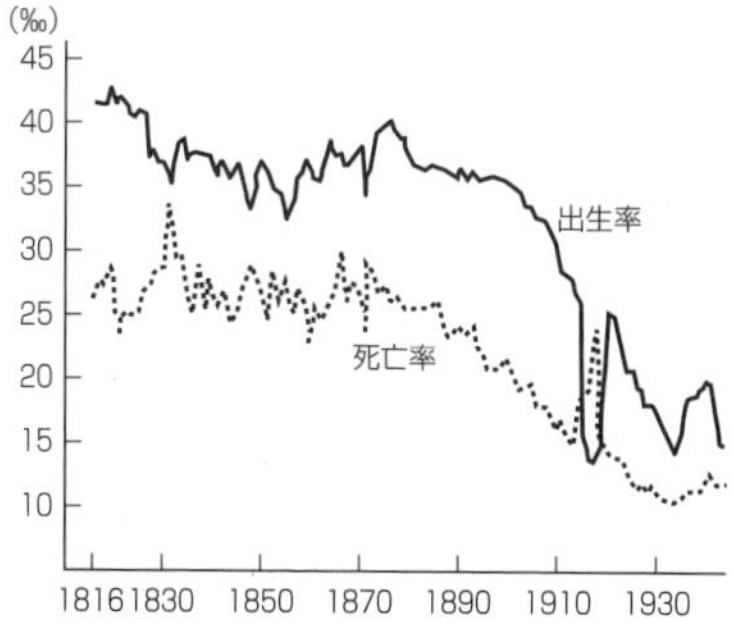

前より時間的に余裕のある生活が送れるようになった。世紀転換期ころから、労働者層も居心地のよい家庭生活に関心をもつようになる。

　十九世紀半ばまで多産多死だった人口動態は、二十世紀には少産少死へと転換する。一八七〇年ころからまず死亡率が低下し、ついで九〇年ころから出生率が減少しはじめ、一九〇〇年以降、急速に低下している。イギリスと同様に、産児制限にまず関心をもったのは市民層で、彼らの平均子ども数がすでに三人あまりに減っていた一九〇五年に、労働者層はまだ四・六七人だった。ところがそれ以降、労働者層も避妊に大きな関心をもち、子ども数は着実に減少して、第一次世界大戦前には三・二七人になっている。産婦人科医による一九一四年の調査報告によると、避妊をしている労働者の比率は七二%に達し、農民の四八%をはるかに凌駕し、官吏の八一%に近づいていた。避妊具も知られてはいたけれども、値段が高いこともあってそれほど普及せず、従来から用いられてきた膣外射精や洗浄法が、より頻繁かつ慎重に用いられるようになった。労働者家族のなかでは産児制限にたいする関心は男性より女性のほうが強く、洗浄法の浸透に示されているように、女性が主導権をもつことが多かった。堕胎も

労働者のサロン

頻繁におこなわれ、一九一一年から一三年にかけてベルリンの一〇〇〇人の既婚女性を対象としておこなわれた調査では、実に四一人が堕胎の経験者だった。一九一〇年ころには、労働者層でも熟練工を中心として「子どもは二人」が流行しはじめた。子どもを少なくして女性の負担を軽減し、よりよい教育を身につけさせて子どもに安定した将来を保障し、そしてなによりも生活レベルを向上させようとしたのである。

一八七五年にベルリンの労働者世帯の五分の一に達していた下宿人のいる世帯は、一九一〇年には半減している。労働者の住居は居間と小部屋の二部屋、それに台所が標準だったが、妻たちはこの居間の窓に白いカーテンをかけ、壁には絵画や家族の写真をかざり、ソファー、テーブル、時計などの家具や小道具をそろえて快適な住空間を演出した。この空間は「サロン」(客間)と呼ばれ、ステータス・シンボルとして労働者層の自意識を満足させたことからわかるように、労働層は小市民的な生活様式を模倣しはじめたのである。

労働者家族の家計状況をみると、十九世紀半ばから二十世紀初頭にいたるまでエンゲル係数は五〇%から六〇%とそれほど変わらないけれども(七九頁表

労働者の家計（ハレ，1908年）

収入（マルク）	項目別支出（%）				
	食費	衣服	住居	暖房・照明	その他
900 ～ 1200	54.55	11.84	17.31	4.83	11.47
1200 ～ 1600	59.47	14.02	13.10	3.40	10.01
1600 ～ 2000	54.63	14.43	14.38	3.14	13.42
2000 ～ 3000	46.58	14.93	13.42	2.65	22.44
平均	55.91	14.12	13.74	3.31	12.92

出典：Saul/Flemming/Stegman/Witt(Hg.), *Arbeiterfamilien im Kaiserreich*, Düsseldorf, 1982, S. 93

労働者の食卓の内訳

	金額（マルク）	%
総支出	1801.93	100
うち食費	918.19	51.0
肉，ハム，ベーコン	162.82	9.0
ソーセージ	56.53	3.1
魚	14.45	0.8
バター	77.43	4.3
油脂，マーガリン	43.20	2.4
チーズ	16.30	0.9
卵	26.86	1.5
ジャガイモ	31.89	1.8
緑黄色野菜	21.09	1.2
塩，胡椒，油	7.82	0.4
砂糖，シロップ，蜂蜜	25.12	1.4
小麦粉，ライス，豆類	26.92	1.5
果物	24.62	1.4
パン	158.09	8.8
コーヒー，代用コーヒー	23.38	1.3
紅茶，チョコレート，カカオ	7.51	0.4
ミルク	95.92	5.3
飲料	27.37	1.5
その他	1.54	0.1
タバコ	17.00	1.0
外食	52.33	2.9

出典：Vorstand des Dt. Metallarbeiter-Verbandes (Hg.), *320 Haushaltungsrechnungen von Metallarbeitern*, Stuttgart, 1909, S. 34.

参照)、食生活の内容は大きく変化している。世紀半ばには、市民層の食卓に肉類や野菜、嗜好品や菓子類が豊富に並んでいたのにたいして、労働者層の食事はサヤ豆、ライ麦パン、ジャガイモという主食が中心で、その支出も食費全体の三分の二あまりを占めていた。この単調な食事からの気晴らしは、チコリコーヒー、▲火酒《スピリット》▲、それにタバコなどの嗜好品だった。「朝はジャガイモ、昼にはジャガイモのスープ、晩には皮つきのゆでジャガイモ、いつもいつもジャガイモだ」と家内労働者の食習慣を風刺した詩も残されている。ところが世紀末になると、労働者層の生活水準の向上とともに、交通網の発達、冷蔵・冷凍技術の開発によって食品の長距離輸送が可能になったこと、あるいは食品工業の発達などによって食料コストが低下した。これにより、白パン、肉類、砂糖など、以前はあまり消費しなかった食品が食卓にのぼるようになったのである。

フランクフルトの労働者家族の食生活(一八九五年)を垣間みてみよう。朝食は白パンとコーヒー。日曜日には肉と野菜。そのほかの日には豆類のスープに青物を加えたもの。これにたいていジャガイモがつくが、ゆでる、焼く、マッシュポテト、団子など調理法は多様化している。妻と子どもがジャガイモと野

▼チコリコーヒー　高価な輸入コーヒーの代用品。代用コーヒーの開発は十七世紀末ころからおこなわれ、ドイツでは菊科の多年生野菜であるチコリーの根を利用。その根には苦みがあり、炒って粉末にするとコーヒーに似た味がする。別称はドイツコーヒー。

▼火酒《スピリット》　穀物や果物からつくるアルコール濃度の高い蒸留酒。焼酎。産業革命以降に普及し、手早く酔えるため都市下層民が好んで飲んだ。イギリスではジン、フランスではアブサン、ドイツではシュナップスと呼ばれる。

貧しい一家のジャガイモだけの食事

菜ですますときにも、夫の皿にはしばしばソーセージや豚の足がのっていた。そのほか、週に一回くらいの割合で卵、果物、羊の肉を食べる。マンハイムの上層熟練労働者の機械鋳造工の食事内容（一八九〇年前後）はもっと良くて、昼食に肉を食べても、夜にまたソーセージを食べることがあり、工場での間食には黒パンにバターとチーズ、それにコーヒーかビールがついた。

一九〇八年に金属労働者団体がおこなった家計調査における主要食料品の消費量をみると、肉は全国平均を四〇％あまり下回ってはいるものの、一人あたり一日六八・八グラムに達していた。もっとも、肉とはいっても、くず肉や馬肉、ウサギの肉など、安い肉が多い。それに家庭内では夫の特権的な食生活がめだち、カロリーやたんぱく質の摂取量では大きな男女差があった。夫がパンにバターをぬっても、妻と子どもはマーガリンや豚のラードということもよくあった。妻が就業している場合でも基本的に変わりはない。これは、家庭内で勢力関係あるいは稼ぎ手は夫という性役割の反映であろう。

ところで、労働者層の妻たちは、どの程度就業していたのだろうか。生活レベルが向上するにつれて労働者層でも既婚女性の主婦化が進み、妻は家事に専念するようになったのだろうか。労働者層だけを取り上げた公式の統計は存在しないため、その答えを数字で示すのは難しい。しかも、市民層家族の洗濯、掃除、内職、下宿人の身の回りの世話、工場に就業する母親たちの子どもの世話など、副業的に働く妻たちが多く、そのほとんどは就業統計に把握されていない。また結婚して仕事をやめたが、出産後、支出がふえてまた工場労働を再開する女性、あるいは多くの乳幼児をかかえている一時期、就業を中断して育児に専念する女性、子どもが家計に寄与するようになると働くのをやめる女性など、女性の働き方は実に多様なのである。

世紀転換期のウィーンの調査によると、夫の収入だけで生活できる「特権的」労働者家族は全体の一〇〜二〇%、妻の副業的収入およびフルタイム就業を必要とする家族はそれぞれ四〇%という結果がでている。「特権」に属す労働者の多いベルリンの機械工業に関する二十世紀初頭の調査では、妻の就業率は二〇%だったが、これは労働者層全体では極めて低く、さらに収入の多い熟練工は妻の就業を恥だとみなしてかくす傾向すらあった。別の調査では、熟練工で五〇%，非熟練工では子どもがすでに収入をえていても六〇%前後という結果がでている。こうした状況から判断すると、婚姻期間中ずっと専業主婦だった労働者層の妻の割合は、五〇％をはるかに下回るものと考えられる。

妻たちの就業動機はなによりも経済的必要性であり、家事との二重負担で朝早くから夜遅くまで働かなければならない彼女たちの多くは、できれば家事に専念したいと考えていた。ただし二十世紀になると、夫の収入の高低にかかわらず、生活水準の向上のために就業する女性がふえてきた。その割合は、既婚工場労働者の二〇〜二五％にのぼっている。その意味では、労働者層も快適な家庭生活や子どもの教育状況の改善に大きな関心を示すようになったといえる。

実際、労働者層の家庭志向は徐々に強まっている。十分に時間があればなにをしたいかという調査で、「家族と過ごす」が二位となり、一位の「勉学」のなかでも子どもの教育は自分でおこないたいという希望をあわせて述べている。また快適な住居づくりをあげる人も多い。以前は夫が酒場で政治討論にあけくれ、それが妻とのいさかいの原因になっていたけれども、二十世紀になると、酒場より家庭に楽しみを見出す男性労働者のほうがはるかに多くなった。労働運動への勧誘にかんしても、酒場のはたす役割がうすれ、文化・スポーツサークルに移ってきた。そして家族ぐるみの政治活動への関心が強まり、家族でともに労働運動の主催するサークルや余暇プログラムに参加するようになっている。

労働者層は、市民層とは異なる独自なミリュー（環境）のなかで暮らしていたし、生活レベルも格段に低い。しかし、家族との時間を重視し、子どもの教育に関心を寄せ、清潔で快適な住生活を求め、食生活も多様化し、さらに避妊の実践による出産制限をするなど、その生活様式は徐々に小市民的なものに近づいていったのである。

近代家族の行方

以上、近代家族を中心に十六世紀から第一次世界大戦までの時期の家族の変化を駆け足で追ってきた。階層によって大きな違いのあった家族の姿がたがいに接近し、以前の「近代市民家族」の範疇から「市民」を抜いて、文字通り「近代家族」という概念に包括できるようになるのは、二十世紀初頭のことであった。その後、近代家族はどのような行方をたどるのだろうか。最後にその行く末をみておくことにしよう。

戦間期の一九二〇年代には、市民層の象徴であった家事使用人が、より高い収入がえられる工業部門に就業するようになり、家族から姿を消した。その結果、主婦は自らの手で家事をおこなわなければならなくなり、この時期に冷蔵庫や洗濯器などの家電製品が登場する。生活レベルにはまだまだ差はあったものの、もはや市民層の家族生活は労働者層とは一線を画すステータスではなくなったのだ。

近代家族は戦後の一九五〇年代から六〇年代にかけて黄金期をむかえ、この時期に家族はもっとも平準化する。旧西ドイツの初婚年齢は一九二〇年の二十五・七歳よりも六〇年のほうが低くて二十三・七歳になり、女性人口一〇〇人中の就業者数も二五年の三五・四%から六六年には三一・四%に低下して、女性は若い年齢で結婚して専業主婦になるという規範が定着した。まさにカトリック的な婚姻の永続性という原則が貫徹し、性関係は婚姻に限定され、非嫡出子の割合も戦前より減少したのである。

ただし、この近代家族の黄金期は長続きしなかった。一九六〇年代後半から

ドイツの世帯類型

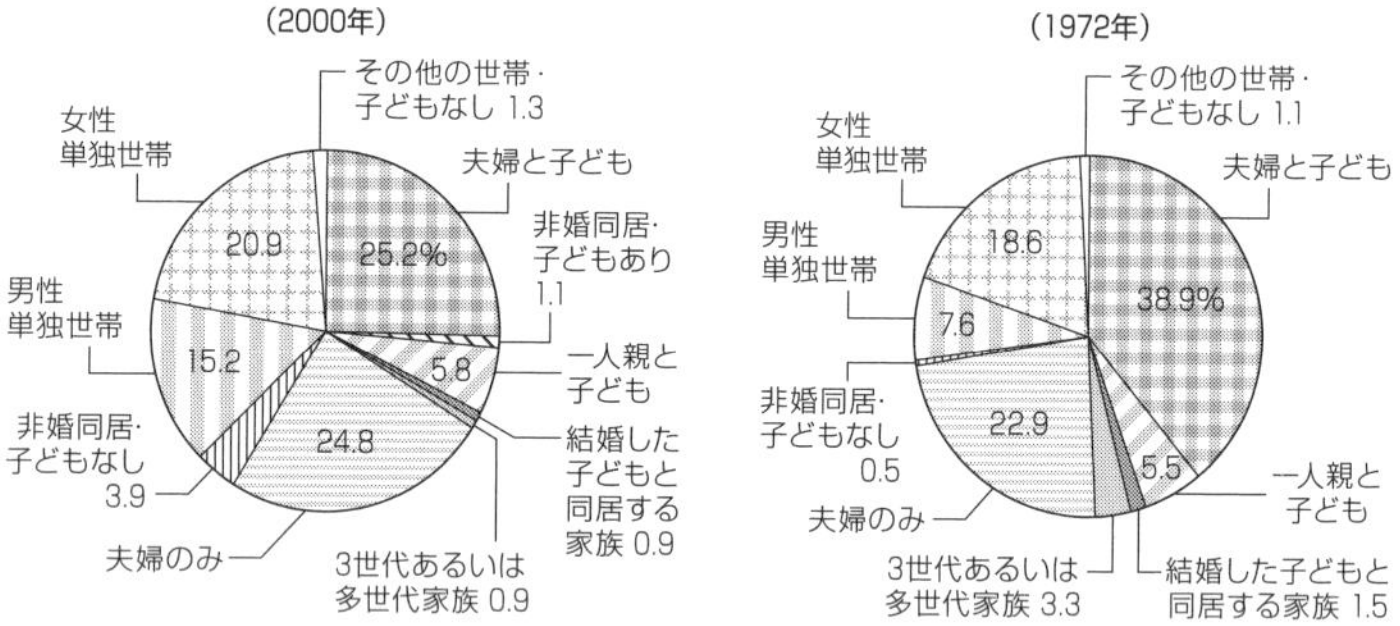

婚姻外での性交渉が実践されるようになり、六〇年代末の学生運動と七〇年代初頭のフェミニズム運動によって、制度的婚姻にもとづく性別役割分担型近代家族に転機が訪れる。「女らしさ」と「男らしさ」の規範を支える家族制度が批判の対象となり、婚姻せずに同居するカップル、子どもを生まないカップルがふえるとともに、女性就業も増加するようになった。三K（Kinder 子ども、Kirche 教会、Küche 台所）に象徴される旧来の女性観が変化した七〇年代は、まさに近代家族規範にとっての転換点となり、家族の多様化・個人化へ向けての出発点となったのである。

一九九〇年代には、近代家族規範による家族の平準化の時代は、完全に終焉をむかえる。個人のライフスタイルが多様化するとともに、家族のライフサイクルや生活様式も多様化し、もはやモデル化された家族人生を描くことはできなくなった。従来の「家族は一体」という見解は後景に退き、今では「個人の集合体」とみなされるようになっている。少子化、晩婚、離婚の増加、高齢出産、一人親家族、既婚女性の就業比率の増大、単身赴任、それに日本ではまだめずらしいがヨーロッパでは自明視されている非婚同居や婚姻外での出産が加わり、最近では同性間の結婚が認められている国さえある。二〇〇〇年の世帯類型において、シングル世帯の数が子どものいる世帯数を上回っていることからわかるように、一生、あるいは人生のかなりの期間、子どもや配偶者をもたないライフコースが一般化し、家族に属することは自明のことではなくなっているのである。

多様化と個人化の進展に合わせて、二〇〇五年に発表されたドイツの第七家族報告書は家族をもはや従来のように「夫婦と子ども」ではなく、「異なる世代がおたがいに責任を引き受ける共同体」と定義している。それでも家族がパートナー、子ども、老親などとの、かけがえのない親密な人間関係の実践の場ではあることに変わりはない。家族に課せられた責任は、男女それぞれが個人の人生と家族の人生の折り合いをつけながら、愛情と信頼にもとづいてはたしていくのである。

参考文献

P・アリエス（杉山光信・杉山恵美子訳）『〈子供〉の誕生――アンシャン・レジーム期の子供と家族生活』みすず書房　一九八〇年
M・アンダーソン（北本正章訳）『家族の構造・機能・感情――家族史研究の新展開』海鳴社　一九八八年
石部雅亮「ドイツ・三月前期の家族法」『家族史研究』5　大月書店　一九八二年
荻野美穂・姫岡とし子ほか『制度としての〈女〉――性・産・家族の比較社会史』平凡社　一九九〇年
角山栄・川北稔編『路地裏の大英帝国――イギリス都市生活史』平凡社　一九八二年
川越修・姫岡とし子ほか編著訳『近代を生きる女たち――十九世紀ドイツ社会史を読む』未来社　一九九〇年
T・キューネ（星乃治彦訳）『男の歴史――市民社会と〈男らしさ〉の神話』柏書房　一九九七年
Y・クニビレール、C・フーケ（中嶋公子・宮本由美ほか訳）『母親の社会史――中世から現代まで』筑摩書房　一九九四年
I・W・ケラーマン（鳥光美緒子訳）『ドイツの家族――古代ゲルマンから現代』勁草書房　一九九一年
斎藤修編著（P・ラスレットほか著）『家族と人口の歴史社会学――ケンブリッジ・グループの成果』リブロポート　一九八八年
E・ショーター（田中俊宏・岩橋誠一・見崎恵子・作道潤訳）『近代家族の形成』昭和堂　一九八七年
L・ストーン（北本正章訳）『家族・性・結婚の社会史――一五〇〇年～一八〇〇年のイギリス』勁草書房　一九九一年

M・セガレーヌ（片岡陽子ほか訳）『家族の歴史人類学』新評論　一九八七年
長島伸一『世紀末までの大英帝国――近代イギリス社会生活史素描』法政大学出版局　一九八七年
二宮宏之編『家の歴史社会学』（叢書歴史を拓く・アナール論文選2）新評論　一九八三年
速水融編『歴史人口学と家族史』藤原書店　二〇〇三年
バンクス夫妻（河村貞枝訳）『ヴィクトリア時代の女性たち――フェミニズムと家族計画』創文社　一九八〇年
姫岡とし子「近代家族モデルの成立」『環大西洋革命』（岩波講座・世界歴史17）岩波書店　一九九七年
I・ハルダハ・ピンケ、G・ハルダハ（木村育世・姫岡とし子ほか訳）『ドイツ　子どもの社会史――一七〇〇年～一九〇〇年の自伝による証言』勁草書房　一九九二年
藤田苑子『フランソワとマルグリット――一八世紀フランスの未婚の母と子どもたち』同文舘出版　一九九四年
J＝L・フランドラン（宮原信訳）『性と歴史』新評論　一九八七年
J＝L・フランドラン（蔵持不三也・野池恵子訳）『農民の愛と性――新しい愛の歴史学』白水社　一九八九年
J＝L・フランドラン（森田伸子・小林亜子訳）『フランスの家族――アンシャン・レジーム下の親族・家・性』勁草書房　一九九三年
A・マクファーレン（酒田利夫訳）『イギリス個人主義の起源――家族・財産・社会変化』南風社　一九九七年、リブロポート　一九九〇年
A・マクファーレン（北本正章訳）『再生産の歴史人類学――一三〇〇～一八四〇年英国の恋愛・結婚・家族戦略』勁草書房　一九九九年

P・ラスレット（川北稔ほか訳）『われら失いし世界——近代イギリス社会史』三嶺書房　一九八六年
P・ラスレット（酒田利夫・奥田伸子訳）『ヨーロッパの伝統的家族と世帯』リブロポート　一九九二年
F・ルブラン（藤田苑子訳）『アンシアン・レジーム期の結婚生活』慶應義塾大学出版会　二〇〇一年
若尾祐司編著『家族』（近代ヨーロッパの探求2）ミネルヴァ書房　一九九八年
度会弘一『ヴィクトリア朝の性と結婚——性をめぐる二六の神話』（中公新書）中央公論社　一九九七年
Gunilla-Friederike Budde, *Auf dem Weg ins Bürgerleben : Kindheit und Erziehung in deutschen und englischen Bürgerfamilien 1840–1914*, Göttingen, 1994.
Leonore Davidoff and Catherine Hall, *Family fortunes : men and women of the English middle class, 1780–1850*, Chicago, 1987.
Ute Frevert, *Mann und Weib, und Weib und Mann, Geschlechter-Differenzen in der Moderne*, München, 1995.
Dieter Schwab, “Familie”, in:Brunner/Conze,/Koselleck (Hg.), *Geschichtliche Grundbegriffe, Historisches Lexikon zur politisch-sozialen Sprache in Deutschland II*, Stuttgart, 1975.
John Tosh, *A Man’s Place: Masculinity and Middle-Class Home in Victorian England*, New Haven, 1998.

図版出典一覧

G. Asmus (Hg.), *Hinterhof, Keller und Mansarde. Einblicke in Berliner Wohnungselend 1902-1920*, Hamburg, 1982. 78

L. Davidoff, C. Hall, *Family fortunes: men and women of the English middle class, 1780-1850*, Chicago, 1987. 54

R. Finnegan, M. Drake, *Studying Family and Community History 19th and 20th Centuries Volume 1 From Family History*, Cambridge,1994. 9

J. Gélis, M. laget, M.-F. Morel, *Entrer dans lavie*, Paris, 1978. 46

M. L. Göpel, *Frauenalltag durch die Jahrhunderte*, München, 1986. 27, 28左, 49左, 68, 扉

G. Huck, *Sozialgeschichte der Freizeit*, Wuppertal, 1980. 76

I. Weber-Kellermann, *Die Familie: Geschichte, Geschichten und Bilder*, Frankfurt/M, 1974. 22, 23, 47, 56左, 62左, 67, 71

I. Weber-Kellermann, *Frauenleben im 19. Jahrhundert: Empire und Romantik, Biedermeier*, Gründerzeit, 2., durchges. Aufl. München, 1988. 18, 28右, 29中下, 44右, 49右, 50, 56右, 62右, 69, 74

H. Ottomeyer (Hg.), *Biedermeiers Glück und Ende: die gestörte Idylle 1815-1848*, München, 1987. 29上, 55

R. Reck, *Arbeiter nach der Arbeit*, Gießen, 1977. 77

H. J. Teuteberg, C. Wischermann, *Wohnalltag in Deutschland 1850-1914, Bilder-Daten-Dokumente*, Münster 1985. 70

E. A. Wrigley, *Population and History*, London, 1969. 11

Bundesministerium für Familie, Senioren, Frauen und Jugend (Hg.), *Die Familie im Spiegel der amtlichen Statistk*, Berlin 2003. 86

PPS 通信社 カバー表, 裏

ユニフォトプレス 44左, 48, 52, 57, 58, 63, 81

世界史リブレット 117

ヨーロッパの家族史《かぞくし》

2008年10月30日　1版1刷発行
2021年9月5日　1版5刷発行

著者：姫岡《ひめおか》とし子《こ》

発行者：野澤武史

装幀者：菊地信義

発行所：株式会社 山川出版社

〒101-0047　東京都千代田区内神田1-13-13
電話　03-3293-8131(営業) 8134(編集)
https://www.yamakawa.co.jp/
振替　00120-9-43993

印刷所：明和印刷株式会社

製本所：株式会社 ブロケード

ISBN978-4-634-34955-1

世界史リブレット　第Ⅲ期［全36巻］

〈白ヌキ数字は既刊〉

93 古代エジプト文明――近藤二郎
94 東地中海世界のなかの古代ギリシア――岡田泰介
95 中国王朝の起源を探る――竹内康浩
96 中国道教の展開――横手　裕
97 唐代の国際関係――石見清裕
98 遊牧国家の誕生――林　俊雄
99 モンゴル帝国の覇権と朝鮮半島――森平雅彦
100 ムハンマド時代のアラブ社会――後藤　明
101 イスラーム史のなかの奴隷――清水和裕
102 イスラーム社会の知の伝達――湯川　武
103 スワヒリ都市の盛衰――富永智津子
104 ビザンツの国家と社会――根津由喜夫
105 中世のジェントリと社会――新井由紀夫
106 イタリアの中世都市――亀長洋子
107 十字軍と地中海世界――太田敬子
108 徽州商人と明清中国――中島楽章
109 イエズス会と中国知識人――岡本さえ
110 朝鮮王朝の国家と財政――六反田豊
111 ムガル帝国時代のインド社会――小名康之
112 オスマン帝国治下のアラブ社会――長谷部史彦
113 バルト海帝国――古谷大輔
114 近世ヨーロッパ――近藤和彦
115 ピューリタン革命と複合国家――岩井　淳
116 産業革命――長谷川貴彦
117 ヨーロッパの家族史――姫岡とし子
118 国境地域からみるヨーロッパ史――西山暁義
119 近代都市とアソシエイション――小関　隆
120 ロシアの近代化の試み――吉田　浩
121 アフリカの植民地化と抵抗運動――岡倉登志
122 メキシコ革命――国本伊代
123 未完のフィリピン革命と植民地化――早瀬晋三
124 二十世紀中国の革命と農村――田原史起
125 ベトナム戦争に抗した人々――油井大三郎
126 イラク戦争と変貌する中東世界――保坂修司
127 グローバル・ヒストリー入門――水島　司
128 世界史における時間――佐藤正幸